D1703490

Michael Gorges **Geschäftserfolg im Iran**

Michael Gorges

Geschäftserfolg im Iran

Verhandeln, Arbeiten und Führen
in der persischen Geschäftskultur

orell füssli Verlag AG

Für Farkhondeh in Liebe und Dankbarkeit.

© 2008 Orell Füssli Verlag AG, Zürich
www.ofv.ch
Alle Rechte vorbehalten

Dieses Werk ist urheberrechtlich geschützt. Dadurch begründete Rechte, insbesondere der Übersetzung, des Nachdrucks, des Vortrags, der Entnahme von Abbildungen und Tabellen, der Funksendung, der Mikroverfilmung oder der Vervielfältigung auf andern Wegen und der Speicherung in Datenverarbeitungsanlagen, bleiben, auch bei nur auszugsweiser Verwertung, vorbehalten. Vervielfältigungen des Werkes oder von Teilen des Werkes sind auch im Einzelfall nur in den Grenzen der gesetzlichen Bestimmungen des Urheberrechtsgesetzes in der jeweils geltenden Fassung zulässig. Sie sind grundsätzlich vergütungspflichtig.

Umschlagabbildung: © Peter Christopher/Masterfile
Umschlaggestaltung: Andreas Zollinger, Zürich
Druck: fgb • freiburger graphische betriebe, Freiburg

ISBN: 978-3-280-05266-2

Bibliografische Information der Deutschen Bibliothek:
Die Deutsche Bibliothek verzeichnet diese Publikation in der Deutschen Nationalbibliografie; detaillierte bibliografische Daten sind im Internet über http://dnb.d-nb.de abrufbar.

Inhalt

Einführung 11
    Iran im Überblick 11
    Unser Iranbild zwischen Fiktion und Realität 16

1. Warum der Persische Golf nicht zu Arabien gehört 23
    Persien oder Iran? 23
    Sprache schafft Identität 24
    Eine Nation von Poeten 26

2. Könige und Propheten. Die Wurzeln der persischen Kultur 31
    Das altiranische Königtum 31
    Der Islam 39

3. Deutschland und Iran 43
    Erste offizielle Kontakte 44
    Die Erforschung Irans 45
    Berichte deutscher Forschungsreisender 45
    Intensivierung der Handelsbeziehungen 47
    Der Erste Weltkrieg 50
    Iran unter den Pahlavis 52
    Iran im Zweiten Weltkrieg 54
    Der Neuanfang 55
    Nach der Islamischen Revolution 58
    Die Ära Khatami 60
    Ankunft in der Gegenwart 63

4. Die geölten Räder der persischen Etikette 67
    Interkulturelle Handlungskompetenz 67
    Kulturstandards dienen als Orientierungssysteme 70
    Persische und deutsche Kulturstandards 72
    Einige ausgewählte persische Kulturstandards 76

5. Doing Business – Wie Sie Ihr Geschäft aufbauen   83
   Richtige (mentale) Vorbereitung   83
   Das erste Treffen   84
   «Unsere Augen mögen leuchten»   88
   Was der Name verrät   90
   Präsentation Ihres Unternehmens   92
   Networking   94
   Besser konservativ: Dresscode   97

6. «Bei Allah, dieser Preis gilt nur für dich» – richtig verhandeln   101
   Unterschiedliche Ziele   102
   Unterschiedliche Perspektiven   103
   Verhandeln auf Augenhöhe   104
   Keine vorbereiteten Vertragsunterlagen   105

7. Höflichkeiten und Komplimente   107

8. Der Chef hat immer recht   113
   Management in Iran   113
   Management unter dem Schah-Regime   114
   Die Neue Ordnung   115
   Wie man Manager wird (nach der Revolution)   116
   Der ideale Manager   118
   Anspruch und Wirklichkeit   119
   Organisation und Mitarbeiterführung   120

9. Der Arbeitsalltag in Iran   123
   «Time is no problem»   123
   Meetings   126
   Umgang mit Behörden   128
   Geschäftszeiten   129

10. Konfliktmanagement 131
 Konfliktpotenziale 131
 Weitere Konfliktursachen… 135
 …und entsprechende Reaktionen 135
 «Verträge muss man mögen» 136

**11. «Es gibt keinen Gott außer Gott» –
 Der Islam im Alltag** 139
 Koran und Sunna als Erkenntnisquellen des Islam 140
 Die fünf Grundpfeiler des Islam 141
 Gott ist groß und Mohammed ist sein Prophet 145
 Die Anfänge der Schia – Das Kalifat Alis 149
 Die Lehren der Imame (Imamat) 152
 Vom Mullah zum Ayatollah 154

12. «Der Gast ist der Liebling Gottes» 159
 Der Vorzug des Schenkens 160
 Das Prinzip Gastfreundschaft 163
 Die andere Seite der Gastfreundschaft 164
 «Über die guten Sitten beim Essen und Trinken» –
 Adab 166

13. Kleines Kulturquiz 175

Anhang 183
 Der iranische Kalender 183

Literatur 187

Dank 193

Anmerkungen 194

Nützliche Internetadressen 198

«Wahrlich, Gott ändert nicht das Geschick eines Volkes, solange dieses Volk sich nicht ändert.»

(Koran, Sure 13, Vers 12)

Iran und die Nachbarn

Einführung

Iran im Überblick

In geografischer, klimatischer und kultureller Hinsicht ist Iran ein Land der ausgesprochenen Gegensätze. Der größte Teil des Staatsgebiets, das zentraliranische Hochland und der Osten des Landes, besteht vorwiegend aus Wüsten- und Steppenlandschaft mit trockenem Klima. Das südkaspische Küstentiefland im Norden hat ein gemäßigtes, extrem feuchtes Klima mit milden Sommern und Wintern. Im Süden des Landes herrscht ganzjährig ein subtropisches Klima mit hohen Temperaturen, die oft 50 °C übersteigen können. Für den Westen typisch ist ein kontinentales Klima mit milden Sommern und harten, schneereichen Wintern.

Geografie

Die Landfläche beträgt 1 629 807 km^2 (Deutschland: 357 022 km^2). Das Staatsgebiet erstreckt sich zwischen dem 25. und dem 40. Breitengrad.[1] Im Norden grenzt Iran an Armenien, Azerbaijan, das Kaspische Meer und Turkmenistan; im Westen an die Türkei und den Irak; im Osten an Afghanistan und Pakistan; im Süden wird Iran vom Persischen Golf und dem Golf von Oman begrenzt.

Die Landesgrenzen des heutigen Staatsgebiets haben sich vorwiegend im 18. und 19. Jahrhundert herausgebildet und erstrecken sich über eine Länge von 8731 Kilometern. Davon entfallen auf die Grenzen im Norden zu Azerbaijan (767 km), Turkmenistan (1206 km) und Armenien 40 Kilometer, auf die Grenze zur Türkei 486 km, Irak (1609 km), Afghanistan (945 km) und 978 km auf die Grenze zu Pakistan. Die Meeresküste im Norden hat eine Länge von 657 km und die im Süden eine Länge von 2043 Kilometern.

Die Verwaltungsstruktur umfasst 30 Provinzen mit 336 Distrikten, 889 Unterdistrikten, 2400 ländlichen Agglomeraten und 68 122 Dörfern.

Die größte Erhebung Irans ist der Damavand im Alborz-Gebirge (Elburs) im Nordwesten mit einer Höhe von 5671 Metern.

Städte

Nach Angaben des Statistical Center of Iran gibt es 1015 Städte und Großstädte.

Die Hauptstadt des Landes ist Teheran (Tehran) mit offiziell 13,4 Millionen Einwohnern, das ist ein Anstieg um 19,3 Prozent im Vergleich zu 1996. Nach inoffiziellen Schätzungen liegt die Zahl bei 18 Millionen Menschen. Teheran liegt auf einer Höhe von 1100 bis 1400 m ü. NN und wurde im 18. Jahrhundert unter dem Qajarenherrscher Fath Ali Shah (1797–1834) gegründet.

Weitere Großstädte

Stadt	Einwohner
Abadan	206 073
Ahwaz	804 980
Hamadan	401 281
Karaj	940 968
Kermanshah	629 986
Isfahan	1 266 072
Mashad	1 887 405
Qom	777 677
Rasht	417 748
Shiraz	1 053 025
Tabriz	1 191 043
Zahedan	419 518

Demografie

Die Bevölkerungszahl Irans beträgt nach dem letzten Zensus (2006) insgesamt 70,4 Millionen Menschen. Iran zählt damit zu den bevölkerungsreichsten Ländern des Nahen und Mittleren Ostens. Das Bevölkerungswachstum schwankt zwischen 1,4 und 1,6 Prozent pro Jahr (Deutschland: 0,3 Prozent). Die Bevölkerung hat sich in den letzten 30 Jahren mehr als verdoppelt (1976: 34 Millionen), seit dem letzten Zensus von 1996 gar um weitere 10 Millionen. Die Anzahl der Familien stieg seit 1996 (12,4 Millionen) auf 17,5 Millionen im Jahre 2006.

Die Mehrheit an der Bevölkerung stellen Perser mit 51 Prozent, Azerbaijaner mit 24 Prozent, Mazanderaner/Gilaken mit 8 Prozent, Kurden mit 7 Prozent und Araber mit 3 Prozent. Daneben gibt es zahlreiche kleinere ethnische Minoritäten. Die Bevölkerungsdichte beträgt 41 Einwohner je km^2 (Deutschland = 236). Der Anteil der städtischen Bevölkerung liegt bei 68,4 Prozent, während 31,5 Prozent aller Iraner auf dem Land leben. Der Anteil der nicht sesshaften Bevölkerung (Nomaden) liegt bei 0,1 Prozent. In der Hauptstadt Teheran leben 17,7 Prozent aller Iraner.

Die Altersgruppe der Iraner unter 15 Jahren beträgt 28,7 Prozent, fast 65 Prozent aller Iraner sind im Alter bis 25 Jahren, während nur 4,5 Prozent 64 Jahre und älter sind. Iran hat damit eine der jüngsten Bevölkerungen weltweit. Die Lebenserwartung der Männer liegt durchschnittlich bei 69,5 Jahren, die der Frauen bei 72,6 Jahren.

Der Alphabetisierungsgrad bei Männern beträgt 85,5 Prozent; bei den Frauen 80,3 Prozent, wobei die Frauen im vergangenen Jahrzehnt von 52 Prozent (1996) stark aufgeholt haben. Mit 51,0 Prozent an den Studierenden stellen sie heute die Mehrheit. Vor Beginn der Weißen Revolution lag die Zahl der Analphabeten in den Sechzigerjahren noch umgekehrt bei 85 Prozent (in den Städten), auf dem Lande sogar bei 94 Prozent. Bis zum Ende des Schah-Regimes sank ihre Zahl in den Städten auf 45 Prozent, auf dem Lande dagegen nur auf 80 Prozent. Die Einschulungsquote ist für ein Land dieser Region sehr hoch und beträgt im Primarbereich 89 Prozent, im Sekundarbereich sogar 78 Prozent. Iran hat 37 Universitäten.

Offizielle Amtssprache ist Persisch (Farsi), daneben wird Arabisch (in Khuzestan im Süden des Landes), das türkische Azeri (im Nordwesten), Kurdisch (im Norden und Westen) gesprochen. Hinzu kommen etwa 71 weitere lokale Dialekte. Geschäftssprache ist neben Farsi Englisch.

Staatsreligion ist der Islam (98 Prozent), davon Schiiten 89 Prozent, Sunniten 9 Prozent, zu den religiösen Minderheiten gehören armenische (140 000) und assyrische Christen (Nestorianer) sowie Katholiken und Protestanten, ferner Juden (25 000–30 000), Zoroastrier (28 000–30 000) und Bahai (rund 300 000). Letztere werden, obwohl Muslime, von der Regierung als Häretiker betrachtet und verfolgt. In Teheran gibt es zwölf armenische Kirchen, drei katholische und jeweils eine evangelisch-lutherische und eine chaldäisch-assyrische Kirche.

Historischer Überblick

Iran ist einer der ältesten Staaten dieser Erde. Die archäologischen Zeugnisse der frühen Besiedelung Irans reichen zurück bis in das Mittlere Paläolithikum (30 000 Jahre v. Chr.). Seit alters her war das Land ein Durchzugsgebiet für viele Völker.

Die eigentliche Staatenbildung erfolgte unter den Achämeniden (559–331 v. Chr.), die das erste persische Großreich schufen. Verschiedene Dynastien (Seleukiden, Parther, Sassaniden) lösten einander ab, bis der Islam durch die arabischen Eroberer 642 die letzte persische Dynastie der Sassaniden verdrängte. Jahrhunderte der Fremdherrschaft folgten, bis im 16. Jahrhundert die Safaviden unter Schah Ismail (1501–1524) wieder einen iranischen Nationalstaat schufen und den schiitischen Islam (Schia) zur offiziellen Staatsreligion erhoben. Der letzte Herrscher der Dynastie der Qajaren, Sultan Ahmad Schah (1909–1925), wurde von Reza Khan, dem Gründer der nachfolgenden Pahlavi-Dynastie (1925–1979), durch einen Putsch abgelöst. Die Pahlavis verfolgten mit Unterstützung der USA und Europas ehrgeizige Entwicklungsprojekte, um den bis dahin feudalen Agrarstaat Iran zu modernisieren. In den Sechziger- und Siebzigerjahren verschärften sich die sozialen Spannungen infolge der Verelendung großer Bevölkerungsteile, der Verfolgung Oppositioneller, Misswirtschaft und Korruption sowie der starken Anlehnung an die USA. Die Proteste gegen die Schah-Diktatur mündeten Ende 1978, Anfang 1979 in die Islamische Revolution.

Staatswesen

Die offizielle Landesbezeichnung ist Islamische Republik Iran (Jomhuriy-e Eslamiy-e Iran).

Der iranische Nationaltag ist der 1. April als Jahrestag der Gründung der Islamischen Republik (zu weiteren Feiertagen siehe den Kalender im Anhang, Seite 83).

Die Regierungsform ist die Islamische Republik. Die iranische Verfassung schreibt das Amt des Obersten Revolutionsführers auf Lebenszeit vor. Als Nachfolger von Ayatollah Khomeini übt diese Funktion als Staatsoberhaupt seit dem 6. Mai 1989 Ayatollah Seyyid Ali Husseini Khamenei aus.

Staatspräsident ist seit August 2005 Dr. Mahmud Ahmadinejad (Ahmadi-Nejad).

Wirtschaft

Die iranische Währung ist der Rial; 1 Tuman = 10 Rial. Der aktuelle Währungskurs für 1 Euro liegt bei etwa 1270 Tuman (= 12701 Rial); 1 US-Dollar entspricht 9276 Tuman.

Das BIP für 2006 beträgt 213,6 Mrd. US-Dollar, daran hat der Erdöl- und Gassektor einen Anteil von 24,5 Prozent, das produzierende Gewerbe kommt auf 41,8 Prozent, der Dienstleistungssektor auf 47,2 Prozent und die Land- und Forstwirtschaft und Fischerei auf 11,0 Prozent.

Das reale Wirtschaftswachstum für den Zeitraum 2005/2006 liegt bei 5,9 Prozent. Das BIP pro Kopf beträgt 1965 US-Dollar für 2006. Die Erwerbslosenquote ist offiziell bei 11,5 Prozent (real liegt sie vermutlich wesentlich höher). Insgesamt waren 2006 offiziell drei Millionen Menschen ohne Arbeit (1996: 1 000 450). Die Jugenderwerbslosenquote beträgt nach offiziellen Angaben 23,2 Prozent (auch sie ist wesentlich höher). Iran hat eine Inflationsrate von 13,6 Prozent mit steigender Tendenz. Etwa acht bis zehn Millionen Menschen leben offiziellen Angaben zufolge unterhalb der absoluten Armutsgrenze und weitere zwölf Millionen unterhalb der Armutsgrenze. Das sind fast ein Drittel der iranischen Gesamtbevölkerung.

Der Gesamtexport für den Zeitraum 2005/2006 liegt bei 60 Milliarden US-Dollar, wobei die Öl- und Gasexporte einen Anteil von 44,3 Milliarden US-Dollar haben. Iran exportierte im gleichen Zeitraum Waren und Güter für rund 462 Millionen Euro nach Deutschland. Die deutschen Lieferungen nach Iran betrugen 2005 4,4 Milliarden Euro (+24 Prozent), sie sind in den ersten acht Monaten 2006 angesichts der außenpolitischen Entwicklungen allerdings leicht rückläufig (−11 Prozent).

Deutschland ist seit Jahren zusammen mit den Vereinigten Arabischen Emiraten (VAE) unangefochten der wichtigste Handelspartner Irans. Haupthandelsgüter der deutschen Industrie sind Maschinenbau und elektrotechnische Erzeugnisse (32,5 Prozent), Eisen und Stahl (13,0 Prozent), Fahrzeuge (12,2 Prozent), chemische Erzeugnisse (11,9 Prozent), Roh- und mineralische Brennstoffe (8,6 Prozent) sowie Nahrungsmittel mit 5,8 Prozent.

Die wichtigsten Wachstumsmärkte in Iran sind Öl- und Gaswirtschaft, Petrochemie, Maschinenbau, Kfz- und Teilewirtschaft, Elektro- und Elektronikindustrie sowie Informations- und Kommunikationstechnik, Bauwirtschaft sowie Wasser- und Abwassertechnologie.

Ende 2006 wurden 21,1 Millionen Festnetzanschlüsse registriert. Das Mobilfunknetz wächst sehr stark und wurde im gleichen Zeitraum von 9,9 Millionen Teilnehmern genutzt, wobei der Markt gerade unter jungen Iranern boomt.

Es gibt etwa 7,2 Millionen Internetnutzer, die Prognose für 2008 liegt bei 25 Millionen Nutzern, eine Zahl, die angesichts der bisherigen Entwicklung realistisch scheint. Das Internet ist angesichts der starken Zensur der Medien gerade für junge Iraner oft die einzige Möglichkeit, relativ frei und unbehelligt zu kommunizieren, so auch mit dem Ausland. Es gibt mehr als 70 000 Weblogs, sogenannte Internet-Tagebücher, und damit mehr als in Deutschland, Italien und Spanien zusammengerechnet, in denen junge Leute sich über ihre Erfahrungen, ihre Sorgen und Alltagsprobleme austauschen können. Das Internet ist vor allem ein Medium des Protestes. Angesichts dieser Entwicklung versuchten auch hier die Machthaber zensierend einzugreifen.

Unser Iranbild zwischen Fiktion und Realität

«Als ich im Jahre 1851 ins Land kam, fand ich großen Gefallen an der iranischen Gesellschaft, an den schönen Wendungen und Feinheiten des Gesprächs; das artige Benehmen der Gebildeten sagte mir ungemein zu. Später musste ich leider wahrnehmen, dass viel Falschheit, Lug und Trug hinter den geschmeidigen Formen sich verberge; ich fing an das Volk zu verachten. Wieder einige Jahre später wurde ich in meinem Urtheil irre; ich konnte nicht unterscheiden, ob die guten oder die schlechten Eigenschaften überwiegen...»[2]

Diese Zeilen von Jakob Eduard Polak, einem ausgewiesenen Kenner der persischen Kultur und Gesellschaft, stammen aus einer längst vergangenen Zeit. Polak (1818–1891) arbeitete als Arzt neun Jahre in Persien. Nach seiner Rückkehr verfasste er ein zweibändiges Werk «Persien. Das Land und seine Bewohner», in dem er detailgetreu seine Erfahrungen über die Lebensweise und die Kultur der persischen Gesellschaft am Hofe des Schahs schildert. Er ist ein aufmerksamer und kenntnisreicher Beobachter, der zudem fließend

Persisch sprach: Aber nach so vielen Jahren wusste selbst er nicht mehr, was er von der persischen Kultur und der Mentalität der Perser halten sollte. Er ist verunsichert, und diese Verunsicherung illustriert zugleich die Schwierigkeit, sich in einer fremden Kultur zurechtzufinden, die man eigentlich zu kennen glaubt und doch wieder nicht kennt. Und genau das kann auch Ihnen in Iran passieren.

Iran ist ein Land der ausgesprochenen Gegensätze, klimatisch, geografisch und kulturell. Iran ist vor allen Dingen ein Land, in dem jeder Schritt, jede Antwort eine Erwartung dementiert. Im 28. Jahr seit dem Umsturz des Schah-Regimes ist die Revolution in einen Leerlauf geraten. Vorbei sind die Zeiten, als der revolutionäre Impetus der Achtzigerjahre den Tagesablauf der Iraner bestimmte. Das Leben im nachrevolutionären Iran gleicht einem Doppelleben. Öffentlicher und privater Raum sind zwei getrennte Welten, in denen verschiedene Werte, Normen und Verhaltenserwartungen gelten. Es sind «paradoxe Identitäten», die sich vor allem unter jungen Leuten herausgebildet haben.

An die wilden Jahre der Revolution erinnern heute nur noch die großformatigen Wandgemälde an den Häusern mit ihren Märtyrermotiven, Bildern von Ayatollah Khomeini mit seinem durchdringenden Blick, von dem gegenwärtigen Revolutionsführer *(Rahbar)* Ayatollah Seyyid Ali Husseini Khamenei und Sprüchen wie «Down with the USA». Aber auch sie verblassen.

Am auffallendsten im Straßenbild sind natürlich die Frauen, teilweise noch im traditionellen Tschador gekleidet gemäß dem von Imam Khomeini verfügten islamischen Dresscode. Die meisten jungen Frauen dagegen zeigen ihre eigene Interpretation der islamischen Kleidervorschrift, die sie dazu zwingt, außerhalb der eigenen vier Wände Manteau und Kopftuch zu tragen. In eng geschnittenen Manteaus, die häufig in hellen Farben getragen werden, oft noch durch einen Gürtel betont, werden die Körperformen herausgestellt anstatt verborgen. Das Kopftuch bedeckt so gerade noch den Hinterkopf und ist zum modischen Accessoire geworden. Regelbruch ist ein Massenphänomen. Das islamische Establishment hat vor dem zivilen Ungehorsam längst resigniert, auch wenn seit Anfang

April 2007 erneut ein «Kampf gegen die Unzucht» auf den Straßen geführt wird.

Verstöße gegen den islamischen Dresscode werden rigoros geahndet, viele Frauen zur Zahlung von Bußgeldern angehalten, im Wiederholungsfall drohen sogar Haftstrafen und Auspeitschen. Diese Kampagne macht auch nicht vor jungen Männern halt, die sich nach westlichem Vorbild kleiden oder frisieren. Anders als in den großen Städten ist die Mode auf dem Land dagegen stärker traditionell orientiert, das heißt Tschador oder Kopftuch und Mantel.

So heißt es in einem Bericht der «Neuen Zürcher Zeitung»: «Iranische Gesellschaftsforscher haben längst erkannt, dass die Einführung islamischer Sitten seit der Revolution von 1979 nicht eine Gesellschaft nach dem Vorbild des Propheten und der Imame geschaffen hat, sondern die Iraner in ein Doppelleben zwingt. Mittlerweile haben es auch die Fundamentalisten eingesehen.

Teenager beider Geschlechter treffen sich zum geselligen Schaufensterbummel in den modernen Einkaufspassagen der Vali-e-Asr-Avenue, und in den Parks können junge Verliebte erste Zärtlichkeiten austauschen, während die Kids im Look von Los Angeles inlineskaten oder Skateboard fahren. Natürlich mahnen die Behörden weiterhin zum *Hijab,* zu Verhüllung und Zurückhaltung, doch dank Ahmadinejad ist Überzeugungskraft statt Zwang angesagt.»[3]

Wie passen diese Angaben zu den Bildern von den fanatischen Massen, die uns fast täglich in den Medien begegnen? Einer Umfrage des Nationalen Vereins der Jugend Irans zufolge möchten 44 Prozent der Jugendlichen auswandern, 40 Prozent wegen fehlender Berufsperspektiven. Mehr als die Hälfte der Befragten «bezeichneten sich als nur wenig gläubig, nur 37 Prozent sagten, sie seien religiös. Besorgniserregende Zahlen für das Regime. Fast zehn Millionen Jugendliche sind auf der Suche nach Arbeit.»[4]

Die Umfrageergebnisse würden anderswo weniger für Aufsehen sorgen. In Iran werden sie sehr ernst genommen. Das Land hat eine der jüngsten Bevölkerungen der Welt. Der Anteil der Menschen im aktiven Alter von 15 bis 64 Jahren liegt bei 66,8 Prozent. Fast 29 Prozent der Iraner sind unter 15 Jahren und mehr als zwei Drittel sind unter 25. Viele junge Iraner sind gut ausgebildet. In der Islamischen Republik hat sich die Zahl der Hochschulstudenten verzehnfacht, Frauen stellen an den Universitäten die Mehrheit. Jedes Jahr drängen 100 000 frisch ausgebildete Akademiker auf den Arbeitsmarkt, obwohl sie kaum Chancen haben, einen Job zu finden. Seit dem Revolutionsjahr 1979 hat die Bevölkerung sich mehr als verdoppelt, jährlich werden etwa eine Million Iraner geboren. Hier verbirgt sich ein gewaltiges demografisches Potenzial, das die Zukunft Irans entscheidend mitbestimmen wird. Die vermutlich einzig sichere Prognose ist die, dass es kein Land im Nahen und Mittleren Osten gibt, in dem der gesellschaftliche Wandel tiefgreifendere Veränderungen hervorrufen wird. Alles andere ist westlich geprägtes Wunschdenken.

Iran ist, nach einer Einschätzung der Bundesagentur für Außenwirtschaft (bfai), aufgrund seiner demografischen Besonderheiten einer der wichtigsten Wachstumsmärkte für Konsum- und Investitionsgüter in der Region. Außerdem prädestiniert die geografische Lage das Land als Drehkreuz für Handelsgeschäfte in die angrenzenden Nachbarstaaten (frühere GUS-Staaten und die Golfregion) mit einem Potenzial von mehr als 300 Millionen Konsumenten. Das Gütesiegel Made in Germany genießt unter den westlichen und östlichen Produkten eine Ausnahmestellung. Deutsche Waren und Produkte haben einen exzellenten Ruf und werden stark nachgefragt.

Bezogen auf die Geschäftspraxis ist für den «nicht einfachen iranischen Absatzmarkt (…) die Einbeziehung eines lokalen Partners zur Einholung von Auskünften und Genehmigungen zum Einfuhrverfahren etc. ratsam. Industrie- und Handelsministerien sowie Zollbehörden sind beim Import einzubeziehen. Kulturelle Besonderheiten im Geschäftsleben sind stets zu beachten», empfiehlt der ständige Korrespondent des bfai in Teheran.[5]

Diese kulturellen Besonderheiten, die hier fast nebenbei erwähnt werden, sind im Geschäftsleben mindestens ebenso wichtig wie das angebotene Produkt oder die anzubietende Dienstleistung. Wie wollen Sie etwas erfolgreich verkaufen, wenn Sie nicht wissen, wie

Sie richtig handeln und verhandeln, wie Sie auf Ihren Geschäftspartner eingehen müssen, weil Sie die Geschäftskultur vor Ort nicht kennen? Dazu brauchen Sie interkulturelle Kompetenz, die im Zeitalter der Globalisierung zu einer Schlüsselqualifikation geworden ist. Sie eröffnet Ihnen den Zugang zu anderen Kulturen. Und genau diesen Beitrag will das vorliegende Buch leisten, indem es Sie für das Andersartige, das Fremde an der persischen Kultur sensibilisiert und Ihnen Wege aufzeigt, wie Sie Ihre Handlungskompetenz erweitern können. Es soll Ihnen keine standardisierten Verhaltensregeln anbieten, die helfen ohnehin nicht, weil Kommunikation immer individuell, situativ und kontextbezogen ist.

Mein Ziel ist, Ihnen zu zeigen, wie Iraner sich in bestimmten Situationen so und nicht anders verhalten – wie wir übrigens auch – und warum sie sich so verhalten. Wenn Sie das wissen und wenn Sie wissen, dass Sie nicht mit der Tür ins Haus fallen sollten, dann sind Sie auf dem richtigen Weg.

Das vorliegende Buch ist das Ergebnis meiner langjährigen beruflichen Erfahrungen in einem iranischen Unternehmen ebenso wie mit iranischen Geschäftspartnern und den Teilnehmern meiner Seminare. Es ist ebenso ein Novum, weil es weder auf dem deutschen noch auf dem englischsprachigen Buchmarkt eine Einführung in die persische Geschäftskultur gibt. Die hier dargestellten Beispiele und Empfehlungen orientieren sich am Geschäftsalltag in Iran und sollen Ihnen zeigen, wie Sie sich entsprechend vorbereiten können. Darüber hinaus sollten Sie sich aus anderen Quellen bedienen, um zusätzliche Informationen über Iran zu erhalten. Vor allem jedoch sollten Sie sich ein eigenes Bild von der Situation im Lande machen, das mit dem uns aus den Medien bekannten wenig gemein hat.

Bei der Transkription der persischen Begriffe habe ich mich in der Regel an der auch in Iran praktizierten englischen Schreibweise orientiert. Anstelle von *Schiras* (im Deutschen) verwende ich die englische Schreibweise *Shiraz*. Die unterschiedliche Schreibweise des Namens von Mohammed (persisch) und Muhammad (arabisch) erklärt sich demnach von selbst. Am Ende des Buches werden Sie die häufigsten Fallstricke, die Ihnen im Iran-Geschäft begegnen, kennengelernt und gelernt haben, mit diesen situationsadäquat umzugehen.

Ich wünsche Ihnen viel Spaß bei der Lektüre und *Besiar khosh bakhti,* viel Glück beim Geschäft.

1. Warum der Persische Golf nicht zu Arabien gehört

Eine Bemerkung vorab. Der Persische Golf *(Khalij-e Fars)* war immer schon persisch. Den ältesten Beleg für diese Behauptung findet man bei dem griechischen Geografen Strabon (63 v. Chr.– 26 n. Chr.), der in seinem Werk «Geographica» ihn zum ersten Mal namentlich als Persischen Golf erwähnt. Das war zur Zeit der Parther, die in einem Staatswesen mit einer hochentwickelten Verwaltung regierten und deren Herrschaftsgebiet den größten Teil Irans und Mesopotamiens umfasste, während auf der arabischen Halbinsel nomadisierende Stämme lebten. Auch das Mündungsgebiet von Euphrat und Tigris im Persischen Golf, bei uns besser bekannt als Schatt al-Arab, heißt im Persischen anders, nämlich *Arvandrud*.

Unterschiede
Achten Sie auf diesen kleinen, aber feinen Unterschied. Wenn Sie in Iran den Persischen Golf als Arabischen bezeichnen, ist das mehr als nur ein kleiner Fauxpas. Es wird als Respektlosigkeit und Ignoranz ausgelegt.

Persien oder Iran?

Der Name «Persien» stammt von *Pars*, dem Namen einer Provinz im Südwesten Irans. Bei den Griechen wurde daraus die Bezeichnung *Persis*. Von den Arabern, deren Alphabet keine Entsprechung für den Buchstaben «p» hat, wurde sie *Fars* genannt. Aus dem Dialekt der Bewohner von Fars wurde das nach ihnen benannte *Farsi*, heute die offizielle Landessprache Irans. In der westlichen Welt wird der Name Persien seit der Antike für das ganze Land verwendet. Doch die Perser selbst haben diesen Namen nie übernommen. Seit 2500 Jahren verwenden sie für ihr Land die Bezeichnung *Iran*. Der Ausdruck Iran leitet sich von dem altpersischen Terminus *Aryan* (Land der Arier) ab und ist erstmals dokumentiert in den Inschriften von Dareios des Großen *(Dariush,* 521–485 v. Chr.) bei Bisotun.

Als *Arya*, was Edle bedeutet, bezeichneten sich im 2. Jahrtausend vor Christus die indoiranischen Perser, deren Hauptstadt Persepolis wurde. Iran bezeichnete früher ein sehr viel größeres Territorium, das einen Teil des Kaukasus, Zentralasiens, Afghanistans und des Irak umfasste.

Richtige Schreibweise
Wenn von Iran die Rede ist, wird fast immer von dem Iran gesprochen oder geschrieben, wie der Irak oder der Libanon. Das ist etymologisch gesehen nicht korrekt, weil es im Persischen keinen bestimmten Artikel gibt.

Sprache schafft Identität

Persisch (Farsi) ist die offizielle Landessprache in Iran und wird von etwa 51 Prozent der Bevölkerung gesprochen (weltweit rund 200 Millionen Menschen).

Das heute gesprochene Persisch kommt in drei Hauptvarianten vor: Als *Dari* ist es die offizielle Sprache Afghanistans, als *Tajik* in Tadschikistan und eben als Farsi. Mit anderen iranischen Sprachen und Dialekten (Kurdisch, Paschtu) gehört Farsi zum indoiranischen Zweig der indogermanischen Sprachfamilie. Iranische Sprachen werden neben Iran in Pakistan, in Afghanistan, in Tadschikistan, in Usbekistan, im Irak und in der Türkei, teilweise auch im Kaukasus *(Ossetisch)* und im Oman *(Kumzari)* gesprochen.

Die iranischen Sprachen werden in drei Entwicklungsphasen eingeteilt, das Altiranische, das Mitteliranische und die heute gebräuchlichen neuiranischen Sprachen. Das Altiranische der frühen altpersischen Königsinschriften der Achämeniden (6.–4. Jahrhundert v. Chr.) ist nur noch in Keilschriftfragmenten mit historisch-chronistischen Inhalten auf Felswänden (Bisotun) und Bauwerken (Persepolis) oder auf Tontäfelchen, Schalen und Gefäßen, Siegeln und Gewichten überliefert. Ein anderer Zweig der altiranischen Sprache ist das *Avesta,* in dem die Sakraltexte der Parsen (Zoroastrier) verfasst sind. Unter den Sassaniden hat sich das Mitteliranische durchgesetzt, deren Amtssprache Parsi nach der historischen

Kernprovinz Irans *Pars* (Fars) benannt ist. Im Nordwesten Irans wurde eine weitere Variante des Mitteliranischen, das *Parthische (Pahlavi)* gesprochen, im Nordosten Irans dagegen die beiden Dialekte *Soghdisch* und *Sakisch*.

Das moderne Persisch hat sich aus dem Parsi entwickelt und dabei Elemente anderer iranischer Dialekte, vor allem des Parthischen, übernommen. Im Zuge der arabisch-islamischen Eroberung Irans 642 n. Chr. wurden zahlreiche arabische Wörter ins Persische aufgenommen. Die größte Veränderung bestand in der Übernahme der arabischen Schrift. Sie war für die persische Sprache zunächst ungeeignet und musste um vier Vokalzeichen erweitert werden, damit der Lautbestand der persischen Konsonanten dargestellt werden konnte. Das Arabische hat 28, das Persische dagegen 32 Buchstaben.

Die arabisch-persische Schrift ist im Wesentlichen eine Konsonantenschrift und wird von rechts nach links geschrieben. Für Europäer ist es daher schwierig, unbekannte Wörter im Persischen oder Arabischen richtig zu lesen oder auszusprechen. Fehlende Vokale werden durch besondere Vokalzeichen ergänzt. Durch den Islam gelangten viele religiöse Termini aus dem Arabischen ins Persische, das sie unverändert übernommen hat.

Mit der Eroberung Irans durch die Mongolen und Seldschuken im 13. und 16. Jahrhundert kamen weitere mongolische und türkische Begriffe hinzu. Lexikalisch ist die persische Sprache zwar eine Mischsprache, sie hat trotzdem einen hohen Grad an Eigenständigkeit behalten, was sich nicht zuletzt in einer vom Arabischen stark abweichenden Grammatik manifestiert.

Über die Jahrhunderte genoss das Arabische als sakrale Sprache des Propheten im arabisch-islamischen Kulturkreis ein weitaus größeres Prestige. Dafür entwickelte sich das gesprochene Persisch wegen seiner grammatikalischen Einfachheit vor allem im ostiranischen Raum (Afghanistan, Pakistan, Indien) zur Lingua franca. Aus dem Persischen gelangten viele arabische Wörter ins Türkische *(Osmanisch)*, in Urdu und Hindi (Pakistan, Indien). In zahlreichen Dynastien avancierte es sogar zur Hofsprache. Auf dem indischen Subkontinent, wohin es mit den Mongolen gelangte, war Persisch seit dem 13. Jahrhundert die offizielle Amtssprache und wurde erst 1835 im Zuge der britischen Eroberungen durch Englisch abgelöst.

Das Zeitalter der elektronischen Massenkommunikation hat längst auch in Iran Einzug gehalten. Besonders die jungen Leute kommunizieren häufig per SMS, weil fast jeder ein Handy besitzt. Das geht nicht nur schneller, sondern man kann auch den staatlichen Sittenwächtern besser entgehen. Weil nach dem Gesetz Kontakte zwischen Unverheirateten verboten sind, werden Mitteilungen in *Fenglish* (Farsi + Englisch) verfasst. Der persische Text wird in lateinischen Buchstaben geschrieben und anschließend einfach abgeschickt.

Eine Nation von Poeten

«Es ist keine Übertreibung, wenn man Persien das Land der Dichtkunst nennt, denn es besitzt eine der reichsten und ausgedehntesten Literaturen aller Völker der Erde. Die Neigung zur Dichtkunst und die Beschäftigung mit ihr bilden geradezu ein Charakteristikum des Persers.»[6]

Diese Einschätzung von Friedrich Rosen, einem ehemaligen deutschen Diplomaten und Orientalisten aus dem Jahr 1926, hat bis heute ihre Gültigkeit. Iraner sind ein lesehungriges Volk. Kein Land im gesamten Nahen und Mittleren Osten verfügt über eine derart hohe literarische Produktion wie Iran. Ausländische Publikationen, kaum auf den Märkten, werden umgehend ins Persische übersetzt und gedruckt. Dass bei dieser Eile das Copyright schon einmal übersehen werden kann, versteht sich fast von selbst. Von den landesweit etwa 2000 Buchhandlungen findet man die meisten natürlich in Teheran. Zur Förderung des Lesens hat das Ministerium für Kultur und islamische Führung dem Parlament einen Entwurf zur Einrichtung weiterer 200 Buchläden in Iran vorgelegt.[7]

Von allen Literaturgattungen ist die Poesie traditionell die beliebteste und am häufigsten verwendete Form des literarischen Ausdrucks. Die meisten Iraner, und zwar unabhängig von ihrem Bildungsgrad, können oft ganze Passagen aus den Werken der klassischen persischen Dichter rezitieren. Gedichte werden häufig auch benutzt, um Gefühle oder bestimmte Vorstellungen besser beschreiben zu können. Welchen hohen Stellenwert die Poesie unter Iranern genießt, zeigt sich darin, dass viele selbst Gedichte verfassen und in Zeitungen oder Magazinen veröffentlichen. Überall im Land gibt es Dichterzirkel, in denen Amateurdichter ihre Werke austauschen. Wer besonders gefühlvoll rezitieren kann, wird bewundert. Wem das Talent zum Dichten fehlt, äußert seine Wertschätzung für die klassische Poesie bei jeder sich bietenden Gelegenheit, damit auch er als kultiviert und gebildet angesehen wird.

Persisch war für 1200 Jahre *die* Literatursprache gewesen. Durch den Islam wurde es praktisch für zweihundert Jahre mundtot gemacht.[8] Zu Beginn des 10. Jahrhunderts erlebte die persische Kultur eine Wiedergeburt. Weite Teile Irans wurden damals von persisch sprechenden Königen beherrscht, die kaum Arabisch verstanden. Deshalb wurden die Versdichtungen in Neupersisch verfasst. Das ist die Geburtsstunde der klassischen persischen Poesie (10.–15. Jahrhundert).

Der bedeutendste persische Dichter ist *Abol Qasim Ferdowsi* (940–1021 n. Chr.), der in seinem Buch der Könige *(Shahnameh)* in über sechzigtausend Verszeilen die Geschichte Irans von den Anfängen bis zum Einbruch des Islam beschreibt. Das gewaltige Nationalepos ist eine Prozession iranischer Könige und deren Heldentaten über eine Zeitspanne von mehr als tausend Jahren. Genauso lange wird es in Iran immer wieder neu aufgelegt. Die ersten Übersetzungen in europäische Sprachen erfolgten im 18. Jahrhundert.

Fast alle Dichter nach Ferdowsi sind Mystiker *(Sufi)*, die in ihren Versen, die oftmals singend vorgetragen werden, die spirituelle Vereinigung mit Gott suchen, um die eigene Identität aufzugeben. Der persische Mystizismus *(Irfan)* ist im Gegensatz zum monotheistischen Islam eine pantheistische Lehre, die viele Götter anerkennt. Über die Etymologie des Wortes «Sufi» herrscht Unklarheit. Die geläufigste Version führt den Begriff auf das arabische *suf* (Wolle) zurück, nach den wollenen Gewändern der Derwische. Die persische Mystik ist älter als der Islam und hat ihre Wurzeln vermutlich in Indien (altindische Veden, buddhistische Philosophie). Sie ist auch vom griechischen Neuplatonismus beeinflusst. Für den Sufi sind Gott und die Welt ein und dasselbe, die Religionen sind im Grunde alle gleich, er lehnt die buchstabentreue Auslegung ebenso ab wie die Schriftgelehrten. Er braucht keine Anleitung, um zu Gott zu finden. Das macht ihn für die Orthodoxie unberechenbar.

Sufis sind häufig in (Derwisch-)Orden zusammengeschlossen, es gibt sie in allen islamischen Ländern. Von den Anhängern der islamischen Orthodoxie, die in der Mystik stets eine Gefahr für den Islam sehen, wurden sie ständig verfolgt. In Iran finden Übergriffe staatlicher Organe auf ihre Versammlungsstätten auch heute noch regelmäßig statt.

Die Verse der sufischen Lyrik sind häufig doppeldeutig, zentrale Motive sind die Liebe und der Wein. Deshalb ist es meist schwer zu sagen, ob es sich um mystische Allegorien handelt oder um Trink- und Liebeslieder. Oft bleibt es auch absichtlich zweifelhaft. «Überhaupt liebt der Perser in der Dichtung alles, was eine mehrfache Deutung zuläßt.»[9] In seiner Nachfolge schufen große persische Dichter wie *Omar Khayyam* (1048–1138), *Rumi* (1207–1273), *Attar* (142–1220), *Saadi* (1213–1291) und *Hafez* (1325–1389) bedeutende Werke.

Die Sinnsprüche *(Rubaiyat)* von *Omars Khayyam* (dem Zeltmacher), der eigentlich ein berühmter Mathematiker und Astronom war, behandeln die Vergänglichkeit des Menschen, sie zeigen die angebliche Zwecklosigkeit menschlichen Lebens und sind durchgehend von einer tiefen Skepsis getragen. Omar reflektierte über die großen Rätsel des Menschseins, er wendete sich gegen die weitverbreitete Gutgläubigkeit und die Philosophie seiner Zeit, ist oft blasphemisch und hedonistisch. Er hinterlässt beim Lesen zwar eine melancholische Stimmung, das tut seiner Beliebtheit bei Iranern aber keinen Abbruch.

Maulana Jajal-e Din Rumi stellte die Dichtkunst in den Dienst der Mystik. Er gründete in Konya (Türkei) den Orden der Tanzenden Derwische *(Mevlevi),* den es heute noch gibt, und verfasste ein großes Werk *(Masnawi),* in dem er die mystische Philosophie entwickelt. Ohne die Hilfe eines entsprechenden Kommentars sind seine Werke allerdings kaum zu verstehen.

Faridud Din Attar war neben Rumi ein weiterer bedeutender persischer Mystiker, der als Märtyrer der Liebe lyrische Gedichte, zahlreiche Epen und Heiligenbiografien verfasste. Auch Attar ist in seinen Werken mehrdeutig.

Die Werke von Rumi und Attar erfordern ein relativ hohes Bildungsniveau, um sie zu verstehen. Nach der Revolution begannen viele Intellektuelle, die von der Revolution enttäuscht waren, sich intensiv mit sufischer Lyrik zu beschäftigen. Die Mystik wurde zu einem Ort der inneren Emigration, zu einem Gebiet, in das man sich besonders in persönlichen Krisenlagen zurückziehen konnte. Das Gleiche gilt für viele im Ausland lebende Iraner.

Als der volkstümlichste persische Dichter gilt Scheich *Saadi*, auch er ein Mystiker. Seine Werke *Bustan* (Baumgarten) und *Golestan* (Rosengarten) sind von der Türkei über Zentralasien bis nach Indien bekannt. Saadis *Ghazalen,* kurze Gedichte, und seine Erzählungen gehören zum Lehrstoff in iranischen Schulen. Saadis Werke wurden bereits im 18. Jahrhundert in europäische Sprachen übersetzt. Er ist wie Hafez in Shiraz begraben, ihre Mausoleen sind beliebte Wallfahrtsorte.

Hafez gilt als der größte und auch bekannteste Lyriker Irans. Seine Sammlung von Liedern *(Diwan)* gehört zu den meistzitierten Werken und hat Goethe zu seinem «West-östlichen Diwan» inspiriert. Hafez' Lieder sind eine Mischung aus Liebessehnsucht, Trinkfreudigkeit und mystischer Philosophie, und das alles in vollendeter Versform. Es gibt praktisch keinen iranischen Haushalt, der nicht über eine Ausgabe seiner Gedichte verfügt. Ähnlich wie Saadi sind seine Gedichte im ganzen Orient verbreitet.

Die persische Literatur der klassischen Epoche wurde zum Vorbild der türkischen und indischen Literaturen. Interessant ist in diesem Zusammenhang, dass Ayatollah Khomeini später selbst in der Tradition des Sufismus stehende Gedichte verfasst hat, in denen es um Liebe, Rausch und Trunkenheit geht. Diese Gedichte wurden jedoch erst nach seinem Tod 1989 veröffentlicht!

2. Könige und Propheten.
Die Wurzeln der persischen Kultur

«So erstaunlich die Lebensweise der alten Perser ihren hellenischen Nachbarn vorkam – noch erstaunlicher ist die Beharrungskraft, mit der sich viele Züge dieser Lebensweise fast unverändert bis in unsere Tage forterhalten haben. Diese Beharrungskraft eignet allen Bereichen der persischen Kultur. Merkwürdigerweise war und ist der Perser zugleich allem Neuen gegenüber aufgeschlossen. Diese Vereinigung des eigentlich Unvereinbaren macht den unnachahmlichen Reiz der ganzen Kultur Irans aus.»[10] (Walter Hinz)

Was sind die Wurzeln der persischen Kultur und wie bestimmen sie das Denken und Verhalten der Iraner bis in die Gegenwart? Es gibt zwei Quellen, die unterschiedlicher nicht sein könnten: das altiranische Königtum und der schiitische Islam.

Das altiranische Königtum

Über die Herkunft der alten Iraner sagen die Quellen wenig aus. Man weiß lediglich, dass sie als indoeuropäische Reiternomaden um 1400 v. Chr. vom Norden kommend in den Iran eingewandert sind. Die Vorfahren der Perser kamen dann im 9. Jahrhundert v. Chr. und ließen sich in ihrem späteren Siedlungsgebiet in der Provinz Fars nieder.

Die erste überlieferte Erwähnung findet sich in den Annalen des Assyrerkönigs Salmanassar III., der 843 v. Chr. von einem bis dahin unbekannten Volk mit Namen *Parsa* berichtet. Parsa bezeichnet die Angehörigen dieses Volkes als auch deren Siedlungsgebiet.[11] Die Perser errichteten unter ihrem König Kyros II. (559–529 v. Chr.) und seinen Nachfolgern (Dynastie der Achämeniden 559–330 v. Chr.) in den folgenden Jahrzehnten das erste Großreich der Weltgeschichte, das zeitweise von der Ägäis bis nach Indien reichte. Sein Nachfolger Dareios I. (521–485 v. Chr.) erbaute später die Palastanlage Persepolis *(Takht-e Djamshid)* und machte sie zu seiner Sommerresidenz. Für Iraner ist Persepolis der Thron des *Djamshid,* (Takht-e Djamshid) so benannt nach dem sagenhaften König aus der persischen Mythologie. In den Geschichten von Djamshid wird ein Symbol für das Königtum eingeführt, das alle späteren weltlichen und geistlichen Herrscher übernommen haben: die Göttliche Gnade *(bakhshesh-e khoda'i).* Sie ist Teil einer entstehenden Königsideologie, die dem König Charisma zuschreibt und ihn zur göttlichen Person erklärt mit einer unantastbaren Stellung.

Die Göttliche Gnade ist die ultimative Begründung für die königliche Herrschaft. Die Institution des charismatischen Königtums hat sich bis in das 20. Jahrhundert fortgesetzt. Selbst Khomeini kam nicht umhin, für sein Konzept des anerkannten Rechtsgelehrten auf dieses Symbol zurückzugreifen. Bei ihm hat allein der «Verborgene Imam» Charisma.

Djamshid verliert seine Herrschaft nach dreihundert Jahren, als er aufhört, an die göttliche Macht zu glauben, weil er sich selbst für den einzigen und höchsten Herrscher hält. Nach seinem Abfall vom Glauben beginnt das Zeitalter der Finsternis, der Ungerechtigkeit, es kommt das Böse in die Welt in der Gestalt *Ahrimans.* Es vergehen tausend Jahre der Herrschaft des Bösen, bis das Volk sich dagegen auflehnt und der adelige *Faridun* Ahriman im Kampf besiegt. Das Volk lebt für weitere fünfhundert Jahre in Frieden und Eintracht. So schließ sich der Kreis.[12]

Djamshid gilt als Erbauer zahlreicher Städte, er teilte die Gesellschaft in verschiedene Kasten (Priester, Kriegerkaste, Bauern, Landarbeiter) ein und legte eine neue Zeitrechnung fest. Der Tag seiner Krönung *(Nowruz)* ist zugleich Frühlingsanfang und Jahresbeginn. Für Iraner ist dies der wichtigste Tag im Jahr. Die Feierlichkeiten für Nowruz beginnen am 21. März anlässlich der Tagundnachtgleiche und dauern auch heute noch 13 Tage. Weder Despoten noch Mullahs haben das iranische Volk von dieser Tradition je abhalten können. Persepolis und Nowruz sind mächtige identitätsstiftende Symbole. Sie vermitteln Iranern das Gefühl kultureller Überlegenheit aus einer Zeit, als das altiranische Königtum allen anderen Völkern überlegen war.

Davon kündet auch die Inschrift am Palast von König Dareios dem Großen in Persepolis: «Dareios, der große König, König der Könige, König der Länder, des Hystaspes Sohn, der Achämenide, welcher diesen Palast machte.»[13]

Die ausgeprägte Traditionsfixierung der Iraner erkennt man im Ausland zum Beispiel daran, dass viele persische Restaurants den Namen «Persepolis» oder «Zarathustra» tragen.

In dem historischen Bewusstsein vergangener Größe liegt die Ursache für den stark ausgeprägten iranischen Nationalismus, der dann wachgerufen wird, wenn die Nation sich (real oder vermeintlich) bedroht oder der Einzelne in seiner nationalen Ehre angegriffen fühlt. Aktuelle Beispiele sind der Atomstreit oder die Aufregung um den amerikanischen Film «300», in dem die Schlacht bei den Thermopylen 480 v. Chr. dargestellt wird und die Perser trotz ihres Sieges als dekadente Schwächlinge dargestellt werden.

Die persische Sprache und mehr noch die persische Literatur von Dichtern wie Ferdowsi, Hafez, Saadi oder Rumi waren kulturbildend. Ihr Einfluss ging weit über die Grenzen Irans hinaus. Türken in Anatolien und Zentralasien, die Muslime in Indien, Malaysia und Indonesien schufen nach persischem Vorbild ihre eigenen volkssprachigen Literaturen.

Aus allen Werken in persischer Sprache ragt ein Buch ganz besonders hervor: das Buch der Könige *(Shahnameh)* von *Ferdowsi*. Es ist *das* iranische Nationalepos, eine Mischung aus Mythos und authentischer Reichsgeschichte, das die glorreiche vorislamische Zeit und die Taten der frühen persischen Großkönige besingt, ähnlich den Epen Homers. Es liefert die Quelle für Legitimation und Ausgestaltung des traditionellen Königskultes. Aus ihr haben alle nachfolgenden Monarchen geschöpft. Der durchgehende Handlungsstrang ist der Kampf der Iraner gegen Nicht-Iraner (vor allem Muslime), deren Versuche, Iran zu erobern, als Akte des Bösen geschildert werden. Es ist eine Allegorie in Zeiten muslimischer Vormundschaft und Unterdrückung.

Obwohl Ferdowsi selbst Muslim war, vermied er die Verwendung arabischer Wörter. Das gab seinem Epos eine stark nationalistische Note, die auf nachfolgende Generationen bewusstseinsbildend gewirkt hat. Die Sprache wird zum Träger der altiranischen Kultur. Anders als in Deutschland, wo kaum noch jemand den alten Sagenschatz kennt, sind Iranern die Geschichten des Shahnameh immer präsent. Die bis heute anhaltende Begeisterung der Iraner für Poesie hat hier ihre Wurzeln.

Unter den frühen Achämeniden wurde die königliche Herrschaft zu einer festen Institution mit einem Hofzeremoniell und mit Hofsitten. Diese Elemente wurden von allen späteren Königen übernommen, sie haben auch den Islam beeinflusst. Mit Artaxerxes I. (465–425 v. Chr.) legt ein König sich das erste Mal bei der Thronbesteigung einen Herrschernamen zu, der dem Regenten eine besondere Eigenschaft oder Fähigkeit zuschreiben soll. Für die Vornehmen des Reiches ebenso wie für das einfache Volk war diese Titulatur ein Merkmal der sozialen Distinktion, der König stand weit über ihnen. Der Islam übernahm diese Sitte, indem er dem Propheten und seinen Gefährten Beinamen zulegte. Die Schiiten gaben ihren Imamen Ehrenbezeichnungen, wie «Befehlshaber der Gläubigen» für Ali ibn Abi Talib. Die römischen Päpste praktizieren diese Sitte bis heute.

Dareios führte als Großkönig Gebärden der Ehrerbietung ein. Dazu gehörten verschiedene Grußformen wie das Heben der rechten Hand mit gebeugtem Ellbogen. Mit dieser Geste grüßte und segnete Gott *(Ahura Mazola)* seine Untertanen. Sie kommt in der christlichen Liturgie (Segen des Priesters) vor und als militärischer Gruß. Ayatollah Khomeini praktizierte sie bei seinen öffentlichen Auftritten.

Wer vor Dareios erschien, wurde von einem persischen oder medischen Stabträger vor den König geführt: Dabei wurde der rechte Arm senkrecht nach unten gehalten, mit zusammengepressten Fingern und die Handfläche nach innen weisend. An der anderen Hand wurde der Besucher vom Stabträger geführt. Diese Geste war zum Schutz des Königs gedacht. Auch heute ist es bei Monarchen oder Staatsoberhäuptern Brauch, bei Audienzen oder Empfängen den Besucher durch einen Protokollbeamten vorzustellen.

Dem Besucher wurde später vorgeschrieben, im Angesicht des

Königs die Hände in den Ärmeln seines Gewandes zu verbergen. Zunächst als Maßnahme zur Sicherheit gedacht, wurde sie mit der Zeit zu einer Reinheitsvorschrift. Niemand durfte sich dem Gott oder dem König mit bloßen Händen nähern. Diese Ärmelsitte ist heute noch üblich. Sie wurde von den Römern übernommen und kam mit ihnen nach Europa. Wir finden sie bei byzantinischen Kaisern und christlichen Mönchen, aber auch beim iranischen *Klerus*. Der Islam hat diese Sitte übernommen. In vielen islamischen Staaten verweigern strenggläubige Muslime Nicht-Gläubigen die Hand, weil sie sich nicht verunreinigen wollen.

Das altiranische Hofzeremoniell wurde von König Xerxes I. (486–465 v. Chr.) um eine besondere Variante erweitert. Wer vor dem Großkönig erschien, musste die *Proskynese* vollziehen, das Sich-Niederwerfen vor dem Herrscher. Die Spannbreite der Devotionen reichte vom Niederfallen auf den Boden, der mit der Stirn berührt werden musste, über das Niederknien auf einem Knie bis zum leichten höfischen Verbeugen. Der griechische Historiker Herodot schildert als Zeitzeuge, dass die Griechen, die vor dem persischen König erschienen, die Proskynese aus Prestigegründen ablehnten: «Als sie nun (…) vor das Angesicht des Königs traten, befahlen ihnen die Leibwächter, vor dem König niederzufallen, und wollten sie mit Gewalt dazu zwingen. Aber die Spartiaten weigerten sich: Und wenn man sie mit dem Kopf auf den Boden stieße, würden sie es doch nicht tun, denn bei ihnen sei es nicht Brauch, sich vor Menschen niederzuwerfen, auch kämen sie aus einem anderen Grunde.» (Herodot, Historien, S. 483)

Die Griechen lehnten die Proskynese als Geste der Unterwürfigkeit ab, während sie im gesamten Orient und im Byzantinischen Reich populär wurde. Alexander der Große, den Sitten der von ihm unterworfenen Völker ohnehin zugeneigt, hat sie gegen den Widerstand seiner griechischen Soldaten schließlich übernommen. In Rom wurde die Proskynese erst unter der Herrschaft von Kaiser Diokletian (284–305) Teil des Hofzeremoniells.

Über die Römer findet die Proskynese Eingang in das Christentum und wird Teil der christlichen Liturgie. Als *Adoratio Purpurae,* als Anbetung des Purpurs, wird sie zu einem Ritual der Huldigung des neu gewählten Papstes durch die Kardinäle. Seitdem ist die *Prostration,* der lateinische Ausdruck für Proskynese, ein wesentlicher Bestandteil der christlichen Messezeremonie (Priesterweihe, Karfreitag, Weihe des Papstes).

Der Purpur-Umhang galt als ein besonderes Würdezeichen, das den Edlen vom persischen Großkönig verliehen wurde. Die Proskynese als Geste der Unterwerfung ist im Laufe der Jahrhunderte weiter modifiziert worden. Am Hofe von Schah Abbas I. (1587–1629) war es unüblich, den Herrscher anzusprechen, bevor man nicht dreimal den Boden geküsst hatte. Anschließend mussten alle Vasallen unabhängig von ihrem eigenen gesellschaftlichen Status als Sultan oder Khan dem Schah die Füße küssen.

Aus der Zeit der Achämeniden stammt ein weiteres Merkmal, das heute noch im Geschäftsalltag üblich ist: das Gewicht der persönlichen Entscheidung. Es ist ein exklusives Privileg des Königs, alle anderen Entscheidungen sind nachrangig. Um seinen Entscheidungen besonderes Gewicht zu verleihen, wurden sie meist öffentlich während einer Audienz getroffen. Heute obliegt dieses Privileg dem Revolutionsführer, dem Firmeninhaber oder dem Geschäftsführer. Was der Entscheidungsträger sagt, ist bindend und wird meist nicht weiter hinterfragt. Deshalb gibt es selten Widerspruch. Es wird Hof gehalten und die Interaktionen folgen ganz bestimmten Kommunikationsregeln. Das ist autoritärer Führungsstil.

Die Achämeniden regieren Iran fast 200 Jahre lang und ihr Einfluss bei der Herausbildung der persischen Kultur ist immens. Nach der Eroberung Irans durch Alexander den Großen 330 v. Chr. wurde diese Traditionslinie für die nächsten 450 Jahre unterbrochen, auch wenn die nachfolgenden Herrscher zahlreiche Merkmale der Achämeniden übernahmen. Erst mit dem Aufstieg der Sassaniden, die 226 n. Chr. nach einer Revolte gegen die regierenden Parther an die Macht kamen, entstand das zweite große Perserreich, das bis zur arabisch-islamischen Eroberung (642 n. Chr.) bestand. Die Dynastie der Sassaniden knüpfte politisch und kulturell an das Erbe der Achämeniden an und übernahm auch deren Hofzeremoniell.

Die altiranischen Großreiche waren (in unserem Sinne) multikulturelle Staatswesen, die den Prozess der ethnischen Vermischung förderten. Toleranz und Aufgeschlossenheit gegenüber fremden Sitten und Bräuchen, Religionen, Sprachen und Traditionen waren für die iranische Gesellschaft überlebensnotwendig. Toleranz wurde von den persischen Großkönigen praktiziert, wenn auch als wohlerwogene Politik. Aufgrund seiner Größe war es im persischen Reich unmöglich, einen «Einheitsstaat» zu schaffen.

In jener Zeit entwickelte sich die Institution der Gastfreundschaft, die Toleranz und Aufgeschlossenheit voraussetzt und besonders an den Königshöfen gepflegt wurde. In diesen Zusammenhang gehören die Tischsitten, die ein kultiviertes Benehmen voraussetzen. Die Verwendung von Besteck, Messer, Gabel, Löffel sind persische Erfindungen. Die persische Kochkunst und das Mobiliar (Stühle, Tische) gehören dazu. Die Sitte, beim Essen auf dem Boden zu sitzen, wurde erst mit dem Islam eingeführt, als der Tisch durch das *Sofreh,* ein auf dem Boden ausgebreitetes Tuch, ersetzt wurde (die sprichwörtliche persische Gastfreundschaft wird in Kapitel 12 ab Seite 59 eingehender behandelt).

Vor dem Einbruch des Islam existierten im Persischen Reich zwei autochthone Religionen: der Zoroastrismus und der Manichäismus. Von beiden hat der Islam eine Vielzahl von Inhalten und Traditionen übernommen. Unter den Achämeniden wurde die Lehre des Propheten *Zarathustra* (um 800 v. Chr.), der Zoroastrismus, zur Staatsreligion. Zentraler Kern dieser Lehre ist der Dualismus von Gut und Böse, die Auseinandersetzung zwischen dem Gott *Ahura Mazda* als Schöpfer und Herrn der Welt und *Ahriman,* dem Geist des Bösen. Wir erinnern uns: Ahriman verkörpert in der persischen Mythologie das Böse. Die Aufgabe des Menschen bestehe darin, sich zwischen Gut und Böse, zwischen Wahrheit und Lüge ständig neu zu entscheiden. Wenn das Böse überwunden sei, breche das Reich Ahura Mazdas an. Nach schiitischer Lesart ist damit die Wiederkehr des verborgenen Imam *Mahdi* gemeint, der das Reich der Gerechtigkeit auf Erden errichten wird. Diese eschatologische Vorstellung ist übrigens auch Teil der christlichen Lehre (das Jüngste Gericht).

Der Manichäismus des Propheten *Mani* (216–276) entstand Mitte des 3. Jahrhunderts unter den Sassaniden. Er war eine Universalreligion, die gnostische, synkretistische und christliche Elemente miteinander verband und sich zeitweise von der Türkei bis nach China erstreckte, bevor er schließlich in der Auseinandersetzung mit dem Zoroastrismus unterlag. Mani predigte den Glauben an die Erlösung durch die Aneignung eines Fundus an geoffenbartem Wissen (Gnostizismus). Kern dieser Lehre war die Vorstellung, dass die stoffliche Welt böse und die Seele in der Materie gefangen sei. Der einzige Ausweg aus dieser Gefangenschaft sei das geoffenbarte Wissen. Mit diesem Anspruch wollte Mani die ganze Welt bekehren. Er verfasste als Erster einen Kanon, eine in sich geschlossene Sammlung von verbindlichen Schriften. Damit war er seiner Zeit weit voraus, da weder Juden, Zoroastrier noch Christen zu jener Zeit heilige Schriften hatten. Das Wirken Manis beeinflusste sowohl das Entstehen der orientalischen Volksliteraturen als auch die vorislamische persische Sprache.

Mit der Ausbreitung des Islam verlor das iranische Staatswesen seine nationale und territoriale Souveränität. Iran geriet bis ins späte Mittelalter unter häufig wechselnde Fremdherrschaft. Die Bewohner Irans konvertierten zum Islam weniger aus Überzeugung als vielmehr aus praktischen Gründen. Die muslimischen Herrscher führten Kopf- und Grundsteuern ein, die alle Nichtmuslime zu entrichten hatten.

Ein weiterer Grund war die Angst vor sozialer und wirtschaftlicher Benachteiligung. Zum Islam zu konvertieren bedeutete nicht einfach, sich zum muslimischen Glauben zu bekennen und die vorgeschriebenen rituellen Handlungen zu vollziehen. Es bedeutete vor allem sozialer Abstieg, weil die Unterlegenen ein Klientelverhältnis *(mawali)* zu einem prominenten arabischen Stammesmitglied eingehen mussten. Sie wurden somit Muslime zweiter Klasse. Aus dem Klientelverhältnis ergab sich jedoch eine gegenseitige Abhängigkeit. Iraner brachten ihre spezifischen Kenntnisse (Verwaltung, Wirtschaft, Wissenschaft) mit ein und bekamen damit die Chance, in hohe Ämter aufzusteigen. Den Arabern erleichterte es die Herrschaft über die eroberten Gebiete. Für die Iraner war es wichtig, ihre autochthone Kultur zu bewahren, um sie an die Nachkommen weiterzugeben. Der Islam dagegen übernahm zahlreiche iranische Elemente, die sein Erscheinungsbild bis heute prägen. Wer nicht bereit war zu konvertieren, verließ das Land, um nach Indien auszuweichen, wo die Nachkommen der Zoroastrier bis auf den heutigen Tag als Parsen leben. Insgesamt führte die Eroberung Irans durch die arabisch-islamischen Heere zu einer historischen und kulturellen Zäsur. Diese frühe Erfahrung ist der wesentliche Grund für das bis heute angespannte Verhältnis zu den arabischen Nachbarn. Zur Schaffung eines neuen iranischen Nationalstaats kam es erst im 16. Jahrhundert unter Schah Ismail I. (1501–1524), dem Gründer der Safaviden-Dynastie (1501–1722). Durch ihn wurde der schiitische Islam zur Staatsreligion.

Der Islam

Als der Islam im siebten Jahrhundert zu seiner Eroberung ansetzte, konnte er auf dem Fundament alter Kulturen aufbauen. Der Islam war mit den Worten des französischen Historikers Fernand Braudel eine Transformations- und eine transformierbare Kraft, die den eroberten Völkern einerseits ihre kulturelle Eigenständigkeit zugestand. Andererseits übernahm der Islam die Sitten und Bräuche der eroberten Völker, wie der Orientalist Friedrich Rosen 1922 schieb: «Es ist eine geradezu auffallende Tatsache, daß alle Eroberer, die aus dem mittleren Asien als Mongolen oder Türken in Persien Fuß faßten, nach kurzer Zeit das persische Wesen annahmen und in den meisten Fällen sogar schon in der zweiten Generation zu hervorragenden Förderern der persischen Kunst und Wissenschaft wurden.»[14]

Der Gründer der Pahlavi-Dynastie, *Reza Schah* (1926–1941), legte sich bei seiner Thronbesteigung den altiranischen Namen *Pahlavi* zu und berief sich aus Gründen der Legitimation auf die Achämeniden. Die Krone war nach dem Vorbild der alten Sassaniden gefertigt. Er übernahm das höfische Zeremoniell und die Titulatur *(Shah-an-Shah Aryamehr,* König der Könige, Licht der Arier) der persischen Großkönige und gab sie an seinen Sohn *Mohammad Reza Schah* (1941–1979) weiter. Seinem Volk wurde die Verwendung altiranischer Namen verordnet. Den Frauen wurde das Tragen des Tschadors verboten.

Auf Bildern aus der Schahzeit sieht man, wie bei Empfängen oder wenn der Monarch seine Untertanen auf dem Land besuchte, ganz gleich, ob Bauern, Angestellte oder Regierungsmitglieder, dem Schah mit einer Geste der Unterwürfigkeit Füße und Hände geküsst wurden. Nach der islamischen Revolution wurde dieses Ritual nicht abgeschafft, obwohl Ayatollah Khomeini das ganze höfische Zeremoniell zuwider war. Khomeini kannte die hohe Symbolkraft, die dieser Geste innewohnt, und ließ sich von seinen Anhängern Füße und Hände küssen. Sein Nachfolger im Amt, Ayatollah Khamenei, setzt diese Tradition unbeirrt fort.

Devotionsbezeugungen sind Teil der Alltagskommunikation. Sie finden sich in Redewendungen oder Floskeln: «Ich bin der Staub zu Ihren Füßen» oder «Ich bin Ihr Opfer».

Der Islam hat die altiranische Proskynese, das Niederwerfen vor dem Herrscher, übernommen. Sie ist ein immanenter Bestandteil der täglichen religiösen Handlungen und der Pflichterfüllung der Muslime. Aufstehen, Knien und Niederwerfen *(Sojud)* sind die typischen Bewegungsabläufe beim Beten. Damit soll Gott Verehrung und Ergebenheit erwiesen werden. Ein weiteres Erbe der vorislamischen Zeit ist die traditionelle Kleidung des islamischen Klerus. Vom einfachen Mullah bis zum Ayatollah kleidet sich jeder religiöse Würdenträger mit einer langen braunen oder schwarzen Robe *(Aba),* einem schwarzen oder weißen Turban *(Ammameh)* und hellbraunen Lederpantoffeln *(Nalain).*

Es gibt weitere präislamische Elemente, die als iranisches Erbe in den schiitischen Islam, vor allem in die Zwölferschia, eingegangen sind. Neben populären Vorstellungen und Bräuchen des Aberglaubens und der Magie gehört hierzu die «Art der Wahrnehmung ritueller Pflichten», besonders im Bereich der vom Islam vorgeschriebenen rituellen Reinheit, bei der Iraner sich durch eine «extreme Umsicht» in der Ausübung von ihren sunnitischen Glaubensbrüdern unterscheiden. Iranische Vorstellungen von Reinheit und Hygiene sind zoroastrischen Ursprungs. Man kann auch heute noch in Iran die von den Zoroastriern praktizierten Riten beobachten. Viele der heute üblichen Rituale im Jahresverlauf (Feiern und Feste) oder im Lebenszyklus (Geburt, Heirat, Tod) sind iranischen Ursprungs. Das Beharrungsvermögen der persischen Kultur hat sämtliche Versuche der Regierung (unter anderem die Islamisierungswelle in den 1980er-Jahren) überstanden. Mit den Worten des französischen Historikers Georges Duby ist die Mentalität eines Volkes das, was sich zuletzt ändert.

Geschichtsbild

Wenn Sie mit Iranern kommunizieren, laufen Sie immer Gefahr, dass Sie aus Unkenntnis oder durch eine beiläufige Bemerkung die nationalistische Saite Ihres Gesprächspartners treffen. Das sorgt garantiert für Verstimmungen. Sie sind dann überrascht, dass Verhandlungen unnötig lange dauern (aus deutscher Sicht) oder der Kontakt erst einmal abgebrochen wird. Der Geschäftspartner fühlt sich respektlos (nicht ernst genommen) behandelt.

Ich empfehle in einer solchen Situation, der persischen Sichtweise kommentarlos zuzuhören. Mit Rechthaberei oder dem Insistieren auf historisch verbürgte Fakten gewinnen Sie absolut nichts. Die Wahrheit ist immer auf Seiten des Iraners, schließlich kennt er die Geschichte seines Landes besser als jeder Außenstehende.

3. Deutschland und Iran

Im Rückblick auf mehr als 400 Jahre deutsch-iranische Geschichte lässt sich feststellen, dass die Beziehungen zwischen beiden Ländern vor allen Dingen wirtschaftlicher Art waren und es auch heute noch sind. Ein Dialog der Kulturen, also die geistige Auseinandersetzung, wie von dem früheren iranischen Präsidenten Khatami vorgeschlagen, ist nie wirklich geführt worden.

Die Beziehungen zwischen Europa und dem Orient reichen bis in die europäische Frühgeschichte der Bronzezeit im 2. Jahrtausend vor Christus. Bereits damals führten verschiedene Handelswege (Bernsteinstraße) vom Orient bis in den Süden Skandinaviens. Es kam zum Austausch wirtschaftlicher und kultureller Güter. Diese Beziehungen setzten sich während der großen Völkerwanderung vom 4. bis zum 6. Jahrhundert fort.

Die ersten Kenntnisse über Persien gelangten zunächst durch griechische *(Herodot, Xenophon),* später durch römische Historiker wie Strabon und Isidorus nach Europa. Durch die Eroberungszüge von Alexander dem Großen und die späteren kriegerischen Auseinandersetzungen zwischen dem Römischen Reich und Iran (Parther, Sassaniden) wurde das Wissen über diesen Kulturkreis erweitert. Zur Zeit der Perserkriege kämpften germanische Söldner im römischen Heer auf iranischem Boden und brachten den Mithras-Kult bis nach Deutschland.

Im Mittelalter verlief der Orienthandel von Deutschland auf dem Landweg über Russland sowie über die oberitalienischen Städte Venedig, Pisa und Genua nach Persien und weiter nach Asien. Obschon es vereinzelte Handelskontakte zwischen deutschen und persischen Kaufleuten gab, blieb das Handelsvolumen relativ gering, weil die Unternehmungen kostspielig und äußerst riskant waren.

Der erste deutsche Augenzeugenbericht über Persien ist das Reisebuch des bayerischen Landsknechts Hans Schiltberger, der 1427 nach einer abenteuerlichen Odyssee aus Asien in seine Heimat zurückkehrte. Schiltberger diente zunächst im Heer von König

Sigismund von Ungarn (1361–1437) und geriet nach dessen Niederlage in der Schlacht von Nikopolis (1396) zunächst in türkische Gefangenschaft, dann an den Hof des Mongolen Timur Leng in Samarkand und nach dessen Tod schließlich nach Persien. Von dort konnte er auf Umwegen nach Deutschland fliehen.

Erste offizielle Kontakte

Es dauerte lange, bis die ersten offiziellen Kontakte zwischen einem deutschen Königshaus und einem iranischen Herrscher aufgenommen wurden. Im Oktober des Jahres 1600 traf die erste Delegation von Schah Abbas I. (1587–1629) am Hofe des deutschen Kaisers Rudolf II. (1576–1612) in Prag ein. Die Perser waren beauftragt, dem Kaiser ein militärisches und politisches Bündnis gegen das Osmanische Reich anzubieten. Der Expansionsdrang der Türken war seit dem Ausgang des Mittelalters zu einer ernsten Bedrohung für die mitteleuropäischen Fürsten und Könige geworden. Im Osten fühlten sich die in Iran regierenden Safaviden bedroht.

Dem iranischen Hofzeremoniell üblich vollzogen die persischen Gesandten auch vor dem deutschen Kaiser die Proskynese: «Als bei der kaiserlichen Audienz am 20. Juli 1604 das Gefolge des persischen Gesandten dem Kaiser in huldigender Form den Fuß küsste, belustigte Rudolf II. diese ungewohnte Zeremonie so lebhaft – wie eine zeitgenössische Quelle berichtet –, daß er, den man sonst seit zwei Jahrzehnten öffentlich nur mit ernster Mine gesehen hatte, schallend auflachte.»[15]

Zwei Jahre später (1602) wurde der Besuch der persischen Delegation durch die Entsendung einer deutschen Gesandtschaft nach Iran erwidert. Die beschwerliche Reise auf dem Landweg über Russland nach Astrachan, dann mit dem Schiff über das Kaspische Meer dauerte ein ganzes Jahr und stand unter keinem guten Stern. Unterwegs starben einige Mitglieder der Mission, und nur zwei Überlebende erreichten den persischen Kaiserhof. Diese und die folgenden Reisen dienten nicht nur dem Austausch diplomatischer Noten, sondern – neben der Erkundung des Landes durch mitreisende Gelehrte – dem Ausbau gegenseitiger Handelsbeziehungen.

Die Erforschung Irans

Im 16. und 17. Jahrhundert begann die eigentliche Erforschung Irans durch europäische Abenteurer und Forschungsreisende. Im Gefolge der Reisenden kamen auch die ersten römisch-katholischen Mönche (Kapuziner, Karmeliter, Franziskaner, Augustiner), die sich dauerhaft in Iran niederließen und dort eigene Kirchen einrichten durften. Allerdings waren ihnen Bekehrungsversuche bei Muslimen untersagt.

Iran erlebte unter der Herrschaft von Schah Abbas I. eine Phase der politischen Stabilität, der Verkehrssicherheit; die wichtigsten Reisewege wurden im Auftrage des Schahs von Straßenwächtern kontrolliert, und es gab genügend Unterkunftsmöglichkeiten für ausländische Reisende. Aus den Berichten Engelbert Kaempfers geht hervor, dass zu jener Zeit zahlreiche Ausländer in Isfahan ungestört ihren Geschäften nachgehen konnten. Die Regierungszeit von Schah Abbas war vor allem geprägt durch die Förderung der Wissenschaften und der Kultur, eine rege Bautätigkeit sowie eine tolerante Einstellung gegenüber nicht-muslimischen Fremden.

Berichte deutscher Forschungsreisender

Das Persienbild des 17. Jahrhunderts wurde durch die Berichte deutscher Forschungsreisender geprägt. Aus deutscher Sicht sind zwei Reisen besonders bedeutsam, die des schlesischen Edelmanns Heinrich von Posener und die holsteinische Gesandtschaftsreise von 1633/34 des Herzogs von Holstein-Gottorp.

Von Posener verfasste ein Tagebuch über seine fünfjährige Reise nach Iran und Indien, in dem er eine gut detaillierte Landeskunde lieferte. Die Reise der holsteinischen Gesandtschaft diente dagegen dem Aufbau günstiger Handelsbeziehungen zu Iran und Russland und stand im Wettbewerb mit anderen europäischen Staaten. Engländer und Holländer besaßen bereits ständige Handelsvertretungen, während Franzosen und Portugiesen dabei waren, sich zu etablieren. Neben rein ökonomischen Gründen diente die Reise wissenschaftlichen Zwecken. Dies war vornehmlich die Aufgabe des Gelehrten Adam Olearius (1599–1671), der nach der Rückkehr von seiner vierjährigen Reise einen ausführlichen Bericht verfasste. Das Buch ist eine detailgetreue ethnografische Beschreibung des Alltags der Perser, ihrer Lebensweise und Glaubensvorstellungen, des Lebens am Hofe und korrigierte das bis dahin gängige Persienbild in Deutschland.

Neben Olearius ragt vor allem das Werk des deutschen Arztes und Naturwissenschaftlers Engelbert Kaempfer (1651–1716) hervor, der 1683 mit einer schwedischen Gesandtschaft nach Persien aufbrach. Ziel des Unternehmens waren der Aufbau von Handelsbeziehungen zwischen dem schwedischen und persischen Königshaus sowie die Schaffung eines Bündnisses gegen das Osmanische Reich. Kaempfers zehnjährige Reise führte ihn bis nach Indien und Japan. In seinen «Amoenitates exoticae» von 1712 beschrieb er die Kulturen der von ihm besuchten Völker in einer vorurteilsfreien Art und Weise.

Neben diesen beiden Klassikern der frühen Reiseliteratur steht das Werk des Wiener Arztes und Ethnografen *Jakob Eduard Polak* (1818–1891), der 1851 mit einer österreichischen Offiziersdelegation nach Persien kam. Der reformorientierte Ministerpräsident *Mirza Taqi Khan Amir Kabir* (1804–1853) begann in der zweiten Hälfte des 19. Jahrhunderts mit der Modernisierung des Landes. Die Niederlagen in den Kriegen gegen Russland (1813 und 1828) hatten nicht nur die Unterlegenheit der persischen Armee demonstriert. Das ganze Land war verglichen mit Europa ein Entwicklungsland.

Amir Kabir begann mit dem Aufbau einer regulären Armee und holte zu diesem Zweck österreichische Militärausbilder ins Land. Zur Verbesserung des Erziehungswesens wurden die ersten Hochschulen gegründet, darunter das 1851 eingerichtete Polytechnikum *(Dar-al-Fonun)* in Teheran. Es war die erste höhere Lehranstalt für die Ausbildung von Offizieren und Ministerialbeamten. Am Polytechnikum arbeitete Polak zunächst als Professor für das Fach Medizin und wurde von dem Qajarenherrscher *Schah Naser ad-Din* (1848–1896) zum Leibarzt berufen. Polak verfasste während seines neunjährigen Aufenthaltes Lehrbücher der Anatomie und Chirurgie. Er gilt als Pionier der modernen Medizin in Iran.

Neben seinem Beruf als Arzt betrieb er ethnographische Studien, die er einige Jahre nach seiner Rückkehr 1865 in einem zweibändigen Werk «Persien. Das Land und seine Bewohner» veröffentlichte. Als aufmerksamer Beobachter war er bemüht, ein möglichst detailgetreues Bild der persischen (höfischen) Gesellschaft wiederzugeben, wenn auch nicht ganz frei von eurozentrischen Einsprengseln. Wirkliche Einblicke in das Alltagsleben der einfachen Leute blieben ihm ebenso verwehrt wie den anderen Ausländern. Polak verkehrte am Hofe des Schahs. Sein Buch vermittelt dennoch wichtige Erkenntnisse über die persische Kultur.

Intensivierung der Handelsbeziehungen

Die deutsch-persischen Handelsbeziehungen wurden im 19. Jahrhundert weiter intensiviert. Dazu trugen besonders die Messestandorte Leipzig, Frankfurt und Hamburg bei, die von persischen Kaufleuten besucht wurden. Die persischen Geschäftsleute konnten hier ihren Bedarf an deutschen Erzeugnissen decken und ihre eigenen Produkte absetzen.

Persien geriet zusehends in die Auseinandersetzung zwischen den beiden Großmächten England und Russland, denen es um die Vorherrschaft im Mittleren Osten ging, «The Great Game», wie es die Engländer nannten. Nach den verlorenen Kriegen musste Persien Gebiete (Georgien, Transkaukasien, ein Teil Armeniens) an Russland abtreten. England war auf dem Vormarsch nach Indien und begann seinen Einfluss in Afghanistan auszuweiten. Angesichts dieser bedrohlichen außenpolitischen Konstellation suchte die persische Regierung verstärkt nach Unterstützung in Deutschland.

Im Juni 1857 wurde der preußisch-persische Freundschafts- und

Handelsvertrag zwischen den Staaten des Deutschen Zoll- und Handelsvereins und Persien abgeschlossen. Mit diesem Vertrag erhielt Preußen die Privilegien einer meistbegünstigten Nation. Vorgesehen war ferner die Einrichtung eines preußischen Generalkonsulats und zu einem späteren Zeitpunkt weiterer Konsulate. Im Vergleich zum Handelsvolumen anderer europäischer Staaten war der Anteil deutscher Waren am persischen Gesamtimport zu diesem Zeitpunkt noch relativ gering, zumal deutsche Handelshäuser in Persien bis 1857 keine eigenen Niederlassungen hatten. Das sollte sich mit dem Vertragsabschluss ändern. Durch den Staatsbesuch von *Schah Naser ad-Din* 1873 in Berlin erhielten die deutsch-persischen Beziehungen ein besonderes Gewicht. Er war der erste persische Regent, der Auslandsbesuche (1873, 1878, 1882) unternahm.

Die «Provinzial-Correspondenz» in Berlin berichtete am 4. Juni 1873: «Der Schah von Persien ist am Sonnabend (31. Mai) gegen Abend zum Besuche an unserem Kaiserlichen Hofe in Berlin eingetroffen und mit den höchsten fürstlichen Ehren empfangen worden. Se. Majestät der Kaiser und König, umgeben von den Prinzen und den höchsten Würdenträgern des Staates, begrüßte den Monarchen auf dem Bahnhofe und geleitete ihn in offenem Wagen in feierlichem, glänzendem Aufzuge, welchem mehrere Schwadronen der Garde-Kavallerie vorausritten und folgten durch das Brandenburger Thor nach dem Königlichen Schlosse.

Die Bevölkerung Berlins war in dichten Massen herbeigeströmt, um den seltenen Gast zu sehn und zu begrüßen, den ersten Monarchen eines der großen asiatischen Reiche, welcher Europa besucht, um persönlich, sowie auch seine ihn begleitenden vornehmsten Beamten unsere Kulturverhältnisse kennen zu lernen und Verbindungen anzuknüpfen. Diese Reise eines einsichtigen und strebsamen Fürsten, dessen Reich an Ausdehnung dreimal so groß, wie Deutschland (bei einer Bevölkerung von allerdings nur 8 bis 10 Millionen) und durch die Mannichfaltigkeit seiner natürlichen Erzeugnisse einer glänzenden Entwickelung fähig ist, wird voraussichtlich von großer Bedeutung für sein Land selbst, sowie für den Verkehr desselben mit den europäischen Staaten werden.»

Das gute Einvernehmen zwischen den beiden Regierungen fand seinen Niederschlag in einem weiteren Abkommen. Am 11. Juni 1873 wurde der deutsch-persische Freundschafts-, Handels- und Schifffahrtsvertrag unterzeichnet, der in Artikel 18 «im Falle eines Krieges (…) mit einer anderen Macht» den Vertragspartner zur Unterstützung verpflichtete. Das Beistandsabkommen sah jedoch keine militärische Unterstützung vor.

In den folgenden Jahren wurden die Beziehungen weiter ausgebaut, wobei die persische Regierung wegen des latenten Konflikts mit Russland besonders an militärischen Beratern interessiert war. Eine Delegation des Schahs ersuchte 1885 Bismarck um militärischen Beistand gegen Russland. Der Reichskanzler lehnte mit Blick auf die guten Beziehungen zu Russland ab und schickte stattdessen die beiden deutschen Offiziere Fellmer und Weth als militärische Berater nach Teheran. Als weiteres Ergebnis der Gespräche wurden eine ständige deutsche Gesandtschaft in Teheran (28. März 1885) und die erste Deutsche Schule (1906) eröffnet. Deutsche Ärzte verwalteten das staatliche Krankenhaus in Teheran, in mehreren Städten gab es deutsche Apotheken. Bismarck unternahm jedoch mit Rücksicht auf die Interessen Englands und Russlands weiter nichts zur Förderung des deutschen (wirtschaftlichen) Engagements.

Ganz im Gegenteil, die Reichsregierung forderte deutsche Geschäftsleute, die Rechte oder Konzessionen erworben hatten, sogar auf, diese zurückzugeben, «um des lieben Friedens mit England und Rußland willen».[16]

Dagegen wurde das Projekt der Bagdad-Bahn, die über eine Strecke von 2500 km von Konya in der Türkei bis nach Bagdad im (heutigen) Irak geplant war, von der Reichsregierung nicht behindert. Unter Federführung der Deutschen Bank, die die Konzession zum Bau erworben hatte, wurde zunächst eine Teilstrecke gebaut. Nach dem heftigen Widerstand Englands, Russlands und Frankreichs, die um ihre «Marktanteile in Persien» fürchteten, wurde die Fortführung des Projekts bis 1940 blockiert.

Die anderen europäischen Nationen hatten sich frühzeitig in Persien arrangiert. An den wichtigsten staatlichen Schaltstellen saßen jedoch Berater aus anderen europäischen Staaten. Die Verwaltung des Justizministeriums oblag den Franzosen. Die Finanzverwaltung und die persische Post kontrollierten belgische Berater. Die wichtigsten Offiziersstellen waren mir russischen Offizieren besetzt. Im englischen Besitz befanden sich die Imperial Bank of Persia, die Telegrafenlinien, die Anglo-Persian Oil-Company, in deren Besitz die riesigen Ölvorkommen in Khuzestan waren, sowie die wichtigsten Schifffahrtsverbindungen vom Persischen Golf nach Europa.

Der Erste Weltkrieg

In der anglo-russischen Konvention von 1907 hatten die beiden Großmächte sich «auf die Schaffung einer Pufferzone geeinigt, die von Iran über Afghanistan nach Tibet reichte».[17] Persien war dadurch praktisch in eine russische Zone (Norden) aufgeteilt, «angeblich nur zum Schutze der wenigen dort tätigen russischen Kaufleute», und in eine englische Zone (Süden), «in der die britische Marine nicht nur Truppen landete, sondern auch Seebefestigungen anlegte».[18] Der schmale neutrale Streifen dazwischen blieb dem Schah.

«In diese neutrale Zone drangen im I. Weltkrieg nicht nur türkische Truppen ein, sondern auch die zahlenmäßig ganz schwachen Einheiten eines ‹Deutschen Asienkorps› unter Führung des (...) späteren Generals Oskar Ritter von Niedermayer und des (...) späteren Botschafters Otto von Hentig, die von Iran aus die (...) Expedition nach Afghanistan unternahmen, die versuchen sollte, den Krieg gegen das britische Kolonialreich an die Grenzen des unruhigen Indien zu tragen. Der Versuch schlug fehl (...) Aber an dem ‹Durchbruch an den Persischen Golf› hinderte sie ein einzelner Deutscher, der deutsche Konsul Wilhelm Waßmuß.»[19]

Bis zum Ausbruch des Ersten Weltkriegs 1914 stand die Persien-Politik des Deutschen Reichs unter der Prämisse, möglichst alles zu vermeiden, was zu einem Konflikt mit England und Russland führen könnte. Das hinderte deutsche Unternehmer nicht daran, sich auf dem persischen Markt zu engagieren, wenn auch nicht in dem Maße wie die englische, französische und amerikanische Konkurrenz. Nur wenige Firmen unterhielten eigene Produktionsstätten im Land (Textilproduktion). Die meisten waren im Exportgeschäft (Baumwoll- und Seidenstoffe, Drogen und Chemikalien, Eisen- und Lederwaren, Maschinen, Papier- und Glaswaren) tätig. Die Hamburg-Amerika-Linie lief einmal im Monat die Häfen des Persischen Golfes an.

Nach dem Ausbruch des Ersten Weltkrieges waren die deutschen Handelshäuser gezwungen, ihre geschäftlichen Aktivitäten einzustellen und die Niederlassungen zu schließen. Die persische Regierung hielt zwar strikte Neutralität, das Land wurde dennoch in die kriegerischen Auseinandersetzungen hineingezogen. Auf persischem Territorium kämpften deutsch-türkische und iranische Freiwilligenverbände gegen englische und russische Truppen. Die iranischen Verbände waren von dem deutschen Konsul Wilhelm Waßmuß (1880–1931) aufgebaut worden. Waßmuß hatte im Südwesten des Landes den Widerstand unter iranischen Nomadenstämmen (Luren, Bakhtiaren, Qashqa'i) gegen die britischen Truppen organisiert. Mit der zuvor entsandten deutsch-türkischen Afghanistanexpedition (Niedermeyer-von-Hentig-Expedition) sowie der Tolerierung der Aktivitäten von Waßmuß hatte die Reichsregierung in Berlin ihre bis dato offiziell gepflegte Neutralitätspolitik in Persien aufgegeben. Sie verfolgte ganz andere Ziele, nämlich die Djihadisierung der muslimischen Welt gegen England, Russland und Frankreich.

Waßmuß scheiterte an der Uneinigkeit, auch am Unvermögen der Stammeschefs, wurde von den Engländern 1918 verhaftet und reiste 1920 zurück nach Berlin. Seine Popularität ist bis heute ungebrochen. In Iran wird er für seinen Einsatz gegen die Engländer als der «deutsche Lawrence» bezeichnet, in Anlehnung an den britischen Lawrence von Arabien. Im iranischen Fernsehen wurde 2005 eine dreizehnteilige Serie über das Leben und Wirken von Waßmuß ausgestrahlt.

«Der Engländer Christopher Sykes (…) erzählt, wie er auf seiner Reise durch Südpersien, wenn immer er in ein Dorf kam und den

Namen Waßmuß nannte, freudig begrüßt und höchst ehrenvoll behandelt wurde. Die Bewohner strömten zusammen und bestürmten ihn mit Fragen, ob Waßmuß wirklich tot wäre oder ob er noch lebe und wo er sich jetzt aufhalte. Die Scheichs hatten ihren Lohn dahin; sie waren ihrer Macht enthoben und saßen wegen Mord und Plünderung im Gefängnis.»[20]

Im Constantinople Agreement von 1915 hatten die beiden Großmächte die verbliebene neutrale mittlere Zone unter sich aufgeteilt. Nach dem Ausbruch der Oktoberrevolution in Russland (1917) und dem Zusammenbruch des zaristischen Regimes wollte England auch diesen Teil in ein englisches Protektorat eingliedern. 1919 wurde mit dem letzten Qajarenherrscher *Sultan Ahmad Schah* (1909–1925) ein entsprechendes Abkommen geschlossen, das jedoch den Widerstand des Parlaments hervorrief.

Bereits einige Jahre zuvor hatte es immer wieder Volksaufstände gegeben, die sich gegen den Ausverkauf des Landes durch die leichtfertige Vergabe von Konzessionen an die Engländer richteten. Nur wenige Jahre später, 1921, trat Reza Khan mit dem Marsch auf Teheran die Nachfolge des letzten Schahs an, nachdem er von England und Russland die territoriale Unabhängigkeit zurückerkämpft hatte.

Iran unter den Pahlavis

Nach dem Ende des Ersten Weltkriegs war die wirtschaftliche und politische Situation Deutschlands und Persiens «fast gleichartig».[21] Deutschland befand sich in einer Phase des politischen, gesellschaftlichen und wirtschaftlichen Umbruchs. Vor ähnlichen Herausforderungen stand Persien zu Beginn der Herrschaft Reza Khans.

Reza Khan (1925–1944) begann seine Karriere als Führer einer Kosakenbrigade und putschte sich 1919 durch einen Staatsstreich an die Macht. Zunächst als Kriegsminister (1921) errichtete er eine Militärherrschaft, die ihn 1923 in das Amt des Premierministers und Obersten Befehlshabers der Armee (1925) brachte. Mit dieser Machtfülle ausgestattet, ließ er sich 1926 durch die persische Nationalversammlung zum Schah mit erblicher Kaiserwürde krönen und legte sich den altiranischen Namen Pahlavi zu.

Mitte der 1930er-Jahre begann er eine an seinem türkischen Vorbild Kemal Atatürk orientierte Modernisierungs- und Säkularisierungspolitik. Am 20. März 1934, einem Tag vor dem traditionellen persischen Neujahrsfest (Nowruz), wurde Persien, in Anlehnung an die altiranische Dynastie der Sassaniden, offiziell in Iran umbenannt. Gegen den Widerstand des schiitischen Klerus, dessen Einfluss er massiv einzudämmen versuchte, verfolgte Reza Khan eine streng am Westen orientierte Politik. Für die Reorganisation des Rechts- und Finanzwesens, vor allem jedoch für die Wirtschaft, brauchte er ausländische Berater und Experten, die aus Belgien, Schweden, den USA und eben aus Deutschland kamen.

Die deutsch-iranischen Wirtschaftsbeziehungen der 1920er- und 30er-Jahre vollzogen sich, wie Friedrich Kochwasser schreibt, «in einem bescheidenen, aber sicheren Rahmen (...) und erfuhren (...) im Gefolge einer Reise des deutschen Wirtschaftsministers nach Iran eine besondere Belebung».[22]

Die Regierung schloss am 17. Februar 1929 mit Deutschland eine Reihe von Verträgen ab. Der Freundschaftsvertrag regelte die diplomatischen und konsularischen Beziehungen beider Länder. Das Niederlassungsabkommen (10 Artikel) gewährte den Angehörigen beider Staaten Schutz der Person und ihrer Güter, Freizügigkeit, Rechtsschutz, Aufenthalts- und Niederlassungsfreiheit. Das Handels-, Zoll- und Schifffahrtsabkommen regelte die Ein- und Ausfuhr von Boden- und Gewerbeerzeugnissen. Schließlich regelte ein weiteres Abkommen den gemeinsamen Schutz von Erfindungspatenten, Fabrik- und Handelsnamen. Diese vier Abkommen bestimmten die deutsch-iranischen Handelsbeziehungen bis zum Ausbruch des Zweiten Weltkriegs, wo sie infolge der Kriegsereignisse suspendiert wurden.

Für den Sprung in die Moderne waren vor allem technologisches Know-how, Industrieanlagen und Maschinen gefragt. Reza Khan war besonders an deutschen Fachleuten interessiert, weil sie besser arbeiteten und weil sie keine kolonialen Absichten hegten.

Der hervorragende Ruf, den Produkte und Dienstleistungen mit der Herkunftsbezeichnung «Made in Germany» seither in Iran genießen, stammt aus dieser Zeit. Auf Staatskosten wurden iranische Studenten zur Ausbildung auf deutsche technische Hochschulen geschickt.

Der deutsche Beitrag bei der Modernisierung Irans beschränkte sich nicht nur auf das Gebiet der Ingenieurleistungen. Deutsche Pädagogen richteten Gewerbe- und Höhere Schulen ein und gründeten die Technische Hochschule in Teheran. Die Zusammenarbeit zwischen beiden Ländern wurde durch die Gründung der Deutsch-Iranischen Handelskammer 1936 in Berlin weiter ausgebaut. Sie diente vor allem der Bereitstellung von Wirtschaftsinformationen, um «den deutschen Ein- und Ausfuhrkaufleuten den noch weithin unerschlossenen persischen Markt» näher zu bringen. Die Arbeit der DIHK war bis zum Zweiten Weltkrieg erfolgreich, und Ende der 1930er-Jahre waren eine Reihe namhafter deutscher Unternehmen in Iran tätig (Aufbau einer inneriranischen Fluglinie durch die Firma Junker, Telefunken richtete den iranischen Rundfunk ein und baute das Telefonnetz, Bau von inneriranischen Eisenbahnstrecken, Leitung der Bank Melli durch deutsche Bankiers).

Iran im Zweiten Weltkrieg

Mit dem Ausbruch des Zweiten Weltkriegs erlitt das Engagement deutscher Unternehmen erneut einen herben Rückschlag. Iran bezog offiziell zwar eine neutrale Position, unterhielt weiterhin aber gute Beziehungen zu Hitler-Deutschland, dessen Agenten im Lande tätig waren.

Als Reaktion auf den deutschen Russland-Feldzug wurde Iran im August 1941 durch sowjetische und britische Truppen besetzt. Schah Reza Pahlavi musste abdanken. Bernhardt Schulze-Holthus, der damals in besonderer Mission nach Iran entsandt worden war, beurteilt diesen Einmarsch aus seiner Sicht etwas anders: «Und nun wurde Ende August 1941 die Freiheit und Unabhängigkeit Irans wiederum auf das Schwerste bedroht, als völlig überraschend englische und sowjetische Divisionen in Iran einmarschierten, den Widerstand der iranischen Armee in blutigen Kämpfen brachen, Kaiser Reza Schah wegen seiner kompromisslosen Neutralitätspolitik zur Abdankung zwangen und nach Afrika deportierten, wo er 1944 an gebrochenem Herzen starb.»[23]

Die Neutralitätspolitik des Schahs war keineswegs so neutral und auch nicht kompromisslos, ganz im Gegenteil. Hitlers Agenten, darunter der Autor des obigen Zitats, operierten mit Wissen und Zustimmung der Regierung in Iran. Der größte Teil der in Iran ansässigen Deutschen kam in britische Gefangenschaft, der Rest wurde in die Sowjetunion verschleppt. Kurz nach seiner Abdankung bestieg sein Sohn *Mohammed Reza Schah Pahlavi* mit Unterstützung der beiden Großmächte den Thron. 1943 erklärte Iran Deutschland formal den Krieg und trat den Vereinten Nationen bei. Auf der Konferenz von Teheran (1943) erhielt Iran die politische Souveränität und Unabhängigkeit von den drei Großmächten USA, Sowjetunion und Großbritannien zugebilligt, ihre Truppen räumten das Land erst 1946 endgültig.

Der Neuanfang

Nach dem Ende des Zweiten Weltkriegs setzte Mohammed Reza Schah die Säkularisierungs- und Modernisierungspolitik seines Vaters in einem forcierten Tempo fort. Die USA und Großbritannien wurden zu seinen wichtigsten Verbündeten. Im März 1951 beschloss das iranische Parlament unter Premierminister *Mohammed Mossadegh* die Verstaatlichung der Ölindustrie gegen den Widerstand der USA und Großbritanniens. Durch den anschließend von Großbritannien verhängten Boykott kollabierte die iranische Wirtschaft, der Schah floh vorübergehend ins Ausland und konnte nach einem Putsch der CIA (1953) unter Beteiligung Englands gegen Mossadegh die Macht wieder übernehmen.

Die Wiederaufnahme diplomatischer Beziehungen mit Westdeutschland erfolgte im Oktober 1953 durch die Eröffnung einer deutschen Gesandtschaft in Teheran, die 1955 in den Rang einer

Botschaft erhoben wurde. Im gleichen Jahr wurde in Köln die iranische Gesandtschaft eröffnet (ab 1955 Botschaft). Konsulate in Hamburg und München folgten. Auf wirtschaftlicher Ebene wurden die Beziehungen durch den Abschluss einer Reihe wichtiger bilateraler Verträge wieder in Gang gesetzt. Bereits 1949 war ein Handels- und Zahlungsabkommen unterzeichnet worden, das nach Gründung der Bundesrepublik durch neue Verträge (1950, 1952) abgelöst wurde.

Ein Vertrag über die wirtschaftliche und technische Zusammenarbeit zwischen beiden Ländern kam 1954 zustande. Durch Beschluss des iranischen Ministerrats erhielt die Bundesrepublik 1955 wieder die Meistbegünstigungsklausel. Eine Reihe weiterer Abkommen regelte ab 1959 die Erweiterung und Verwaltung deutscher Gewerbeschulen in Iran, ein deutsch-iranisches Luftfahrtabkommen und ein deutsch-iranischer Auslieferungsvertrag.

Mit den gestiegenen Öl-Einnahmen in den Sechzigerjahren sollten nach den ehrgeizigen Plänen des Schahs die iranische Wirtschaft und die Infrastruktur ausgebaut werden. Der Schah ließ Siebenjahrespläne aufstellen, deren Budgets mit der Zeit außer Kontrolle gerieten. Für die Träume des Herrschers von einer militärischen Großmacht am Golf wurden Milliarden US-Dollar in die Aufrüstung des Militärs investiert.

Der wirtschaftliche Aufschwung begünstigte auch deutsche Unternehmen. Seit 1952 war die Bundesrepublik Irans wichtigster Handelspartner, mehr als tausend deutsche Firmen aus Industrie und Handel waren im Lande tätig. Die Beziehungen zwischen Deutschland und Iran entwickelten sich nach dem Staatsbesuch des Schahs 1955 in der Bundesrepublik und dem Gegenbesuch von Bundeskanzler Adenauer 1957 in Teheran prächtig. Die Besuche wurden durch Wirtschaftsdelegationen ergänzt, in deren Folge deutsche Experten für eine Vielzahl von Projekten (Forstwirtschaft, Eisenbahn, Kraftwerksbau, Textilindustrie) entsandt wurden.

Im Bereich der Kulturarbeit wurde 1958 das Goethe-Institut in Teheran eröffnet, eine deutsche Schule war bereits drei Jahre zuvor eingerichtet worden. Die Entsendung iranischer Studenten zum

Studium nach Deutschland wurde intensiviert. Bis zur Revolution (1979) waren 20 000 Iraner an deutschen Universitäten als Ingenieure, Ärzte, Techniker und Beamte ausgebildet worden.[24]

In den Siebzigerjahren unternahm der Schah das, was «Der Spiegel» als den «lahmen großen Sprung nach vorn» bezeichnete. Die Wirtschaftspolitik der Regierung war zu einem Staatsmonopolkapitalismus geworden («für 15 000 Güter und Dienstleistungen herrsche strikte Preiskontrolle») mit Fehlplanung, Verschwendung und Inflation. Sie ging an den Bedürfnissen und Erwartungen der 35 Millionen Iraner vorbei.

«Als 1974 das große Öl-Geld zu fließen begann, verkündete der Schah, binnen einer Generation werde der Iran zu einem der fünf mächtigsten Staaten der Welt werden. Doch schon nach drei Jahren schrumpft die Vision eines der letzten absolut regierenden Monarchen zur unerreichbaren Fata Morgana (…) beim Energie-Giganten Iran gehen die Lichter aus.»[25]

Hinzu kamen die Verelendung der großer Teile der Bevölkerung (die Analphabetenquote lag bei 70 Prozent) und die ausfernde Korruption. Auf die zunehmenden Proteste reagierte das Regime mit willkürlichen Verhaftungen, Folter und weiteren Einschränkungen der Bürgerrechte. Die iranische Gesellschaft befand sich unaufhaltsam auf dem Weg in die islamische Revolution, die sich vielen Iranern als Alternative zu den bedrückenden sozialen und politischen Verhältnissen anzubieten schien.

Für die deutschen Unternehmen, und nicht nur für sie, waren die Siebzigerjahre in Iran wirtschaftlich gesehen die erfolgreichsten. Das Land war zum wichtigsten Absatzmarkt im Nahen Osten geworden. Bis 1978 arbeiteten etwa 15 000 Deutsche in Iran, davon allein 3000 an Kernkraftprojekten. «Fast 500 Millionen Mark investierten 30 westdeutsche Firmen in ihre persischen Fabriken, Aufträge im Gesamtwert von 15 bis 20 Milliarden Mark sind noch in der Abwicklung, mit acht Milliarden Mark Bürgschaften steht auch die Bundesregierung voll im Risiko.»[26]

Nach der Islamischen Revolution

Ende 1978 brach die islamische Revolution aus, die für die meisten Beobachter und Experten völlig unvorbereitet kam. Der Schah musste am 16. Januar 1979 abdanken und verließ das Land. *Ayatollah Khomeini* kehrte am 1. Februar 1979 in einem Triumphzug aus seinem französischen Exil nach Iran zurück. Wie groß das Ausmaß der Fehleinschätzungen war, verdeutlicht nicht nur der Bericht der «Frankfurter Allgemeinen Zeitung» vom 29. Januar 1979, die unter der Überschrift «Der Bundeskanzler (Helmut Schmidt) rechnet mit einem ‹islamischen Sozialismus› in Iran» berichtete: «Erst im vergangenen Frühjahr (1978) hatte der Bundespräsident (Walter Scheel) einen Staatsbesuch in Teheran absolviert; im Herbst war Bundeswirtschaftsminister Graf Lambsdorff in die iranische Hauptstadt gereist. In beiden Fällen wurde dem Schah Respekt und Hochachtung bezeugt.»

Vermutlich hatte die Bundesregierung den «Spiegel»-Bericht aus dem Jahr 1977 noch nicht gelesen. Zu diesem Zeitpunkt spitzten sich die Auseinandersetzungen zwischen der Regierung und den oppositionellen Kräften zu, es kam fast täglich zu bewaffneten Auseinandersetzungen mit zahlreichen Toten. Eine Umkehr dieser Entwicklung war da bereits nicht mehr möglich. Im letzten Jahr vor der Revolution (1978) beliefen sich allein die Aufträge zum Bau von Kernkraftwerken und Kriegsschiffen auf rund 20 Milliarden DM.

Nach der Revolution äußerten die Experten ihre Einschätzung über die politische und wirtschaftliche Zukunft des Landes. Die «Süddeutsche Zeitung» schrieb am 23. Januar 1979 unter der Überschrift «Iran-Experten: Kein Rückfall ins Mittelalter. Präsident der deutsch-iranischen Handelskammer legt vorsichtigen Optimismus an den Tag»: «Sowohl Kammerpräsident Röntgen als auch der Hauptgeschäftsführer der Teheraner Auslandshandelskammer, Martin, zeigten sich von den Ereignissen des vergangenen Wochenendes überrascht. Mit einer derart überstürzten Entwicklung habe noch in der vergangenen Woche niemand in Teheran gerechnet (…) Zwar seien mögliche Veränderungen in der Wirtschaftspolitik der neuen Regierung noch nicht erkennbar, doch könne die Prognose gewagt werden, daß cs unter keinen Umständen einen wirtschaftlichen Rückfall ins Mittelalter geben werde.»

In den kommenden Wochen und Monaten kamen die Geschäfte praktisch zum Erliegen. Die meisten deutschen Firmen schlossen ihre Niederlassungen oder beschränkten sich darauf, nur noch eine Repräsentanz zu unterhalten. Während des Krieges mit dem Irak blieben von den ursprünglich mehr als 1000 deutschen Firmen in Iran nur noch 40 ständig im Land. Das ist insofern bemerkenswert, da gerade für Iraner der persönliche Kontakt zu ihrem Geschäftspartner außerordentlich wichtig ist!

«Hilflos mußte die westdeutsche Industrie zusehen, wie einer ihrer vielversprechendsten Kunden Stück für Stück demontiert wurde, mussten Kernkraftwerkbauer und Schiffbaumanager registrieren, wie sicher geglaubte Milliardenaufträge, für die es keinen anderen Nachfrager im internationalen Geschäft gibt, für immer verlorengingen.»[27]

Fast alle ausländischen Unternehmen verließen Iran. Für viele galt die Devise: «Wir halten Kontakt und warten ab.»

Die 1980er-Jahre waren sowohl für ausländische Firmen als auch für die Situation im Lande selbst eine Phase der wirtschaftlichen Stagnation. Geschäfte wurden nur noch auf Sparflamme betrieben. In dieser Phase betrieb die Regierung ihre Kampagne zur *Reislamisierung* der iranischen Gesellschaft. Hinzu kam, dass 1980 der Krieg mit dem Irak (1980–1988) ausbrach, nachdem dieser in die südiranische Provinz Khuzestan eingefallen war. Die Folgen waren fatal: «Die iranische Wirtschaft befindet sich Mitte 1986 in einer tiefen Rezession, die sich zusehends verstärkt. Einerseits beansprucht der Krieg mit Irak einen immer größeren Teil menschlicher und finanzieller Ressourcen, andererseits leidet Iran erheblich unter dem Verfall der Rohölpreise und dem relativ niedrigen Dollarkurs.»[28]

Nach dem Ende des achtjährigen Krieges begann unter der Regierung von Präsident *Rafsanjani* (1989–1997) eine Phase der wirtschaftlichen und politischen Konsolidierung. Der Pragmatismus von Rafsanjani führte zu einer vorsichtigen Annäherung an den

Westen. Die Wende in den Beziehungen zwischen der Bundesrepublik und Iran setzte ein mit dem offiziellen Besuch von Bundesbauminister Oskar Schneider in Teheran in der zweiten Dezemberwoche 1988.

Die «Frankfurter Allgemeine Zeitung» meldete am 21.12.1988: «Bundesdeutsche Wirtschaft wittert Chancen beim Wiederaufbau in Iran: (...) zweimal hat die iranische Regierung den deutschen Bauminister dringend gebeten, nach Teheran zu kommen (...) Die islamische Regierung kennt deutsche Firmen und schätzt das Made in Germany.» Das klang vielversprechend, erwies sich in der Praxis dennoch als ein schwieriger Neuanfang. Vor allem verlangte es einen langen Atem.

Die Ära Khatami

«Das Geschäft mit den Mullahs ist in den vergangenen Jahren drastisch geschrumpft. Von 1992 bis 1994 gingen die deutschen Exporte um fast 70 Prozent zurück.»[29]

Die Beziehungen zwischen Deutschland und Iran überschattete 1997 der «Mykonos»-Prozess, so benannt nach einem Berliner Lokal, in dem «am 17. September 1992 vier iranisch-kurdische Oppositionelle(...) brutal liquidiert» worden waren.[30] Nach dem Beschluss des Berliner Kammergerichts waren die Morde «auf Anordnung der iranischen Führung» durchgeführt worden.[31] Zwei der Attentäter erhielten lebenslange Haftstrafen. Die Bundesregierung setzte den von Außenminister Kinkel initiierten «kritischen Dialog» mit Teheran aus.

«Statt den Iran völlig zu isolieren, sollte durch diesen Dialog ‹kritisch› auf das Land eingewirkt werden: den internationalen Terrorismus nicht zu unterstützen, die Menschenrechte zu achten und das Todesurteil gegen Salman Rushdie aufzuheben. Auf diese Haltung hatte die Bundesregierung die Union 1992 eingeschworen.»[32]

Iran drohte mit Konsequenzen und Präsident Rafsanjani nannte das Urteil einen «schamlosen Akt». Ayatollah Khamenei kommentierte die Aussetzung des kritischen Dialogs mit den Worten: «Uns stört es überhaupt nicht, wenn Ihr den kritischen Dialog abbrecht. Wir haben diese Art des Dialogs nie gesucht, und wir könnten überhaupt mehr Kritik an euch üben als Ihr an uns.»[33]

In Teheran gab es antideutsche Proteste. Demonstranten skandierten vor der deutschen Botschaft: «Nieder mit Deutschland.» Das war ein Novum in den Beziehungen zwischen beiden Ländern. Die Handelsbeziehungen waren von denen der Schahzeit meilenweit entfernt (Iran an 42. Stelle bei den deutschen Exporten, an 49. bei den Importen).

Bis Ende der 1990er-Jahre war die iranische Volkswirtschaft ausländischen Investoren praktisch verschlossen. Erst mit der Regierungsübernahme durch Präsident *Mohammed Khatami* (1997–2005) zeigten sich deutliche Anzeichen für eine Kurskorrektur der bisher verfolgten isolationistischen Politik. «Die Frankfurter Allgemeine Zeitung» titelte am 25. Mai 1997: «Gemäßigter Mullah wird neuer iranischer Staatspräsident. Fast 70 Prozent der Stimmen für Chatami. Die Vereinigten Staaten reagieren zurückhaltend.»

Die Verantwortlichen in Teheran erkannten, dass sie sich den sozialen und ökonomischen Herausforderungen ihres Landes stellen mussten. Durch einen Prozess der vorsichtigen politischen und ökonomischen Liberalisierung versuchte die Regierung, Anschluss an die internationale Entwicklung zu gewinnen, indem sie verstärkt private und ausländische Investoren förderte. Parallel dazu schuf sie eine Reihe notwendiger gesetzlicher Rahmenbedingungen, um den iranischen Markt für ausländisches Kapital weiter zu öffnen.

Präsident Khatami initiierte den Dialog der Kulturen, der für mehr Verständnis für die Besonderheit des iranischen Systems warb. In die Präsidentschaft von Khatami, der im Ausland zu den reformorientierten Kräften gezählt wurde, wurden große Hoffnungen auf eine Wiederbelebung der Beziehungen gesetzt: «Knapp ein Jahr nach dem Einfrieren der politischen Beziehungen zu Iran strebt die Europäische Union wieder hochrangige Kontakte mit Teheran an. Die EU-Außenminister beschlossen am Montag in Brüssel, gegenseitige Ministerbesuche wieder zu erlauben. Damit sollen die als gemäßigt geltenden Kräfte um Irans Präsidenten Mohammed Khatami gestützt werden.»[34]

Die deutsch-iranischen Beziehungen wurden erneut getrübt, als der deutsche Geschäftsmann Helmut Hofer 1997 wegen angeblicher sexueller Beziehungen zu einer unverheirateten Iranerin von einem Gericht in Teheran zum Tode verurteilt wurde. Der Deutsche Hofer war in die Auseinandersetzung um das «Mykonos»-Urteil geraten und wurde von den Hardlinern im iranischen Herrschaftssystem als Faustpfand benutzt. Auf Drängen der Bundesregierung wurde er später begnadigt, dann zu einer mehrjährigen Haftstrafe verurteilt.

Im Februar 1998 reiste Bundeswirtschaftsminister Jürgen W. Möllemann «als Vorsitzender der ‹Projektgruppe Iran› der deutschen Wirtschaft zu Gesprächen mit iranischen Regierungsmitgliedern und Vorsitzenden großer staatlicher Unternehmen (nach Teheran). Iran wolle in den Bereichen Autobau, Stahlproduktion sowie Transport und Verarbeitung von Rohöl mit deutschen Firmen kooperieren.»[35]

Während Khatami auf internationaler Ebene einige Erfolge (Verbesserung der Beziehungen zu USA und Europa) verzeichnen konnte, kam kaum Bewegung in die Umsetzung nötiger Wirtschaftsreformen. Die Privatisierung der ehemals verstaatlichten Unternehmen kam ebenso wenig voran wie der Kampf gegen die ausufernde Korruption. Innenpolitisch begann die schleichende Erosion der Macht der Mullahs.

Im April 1999 reiste Kanzleramtsminister Bodo Hombach nach Teheran, um sich persönlich für die Freilassung des Deutschen Hofer einzusetzen, der noch am selben Tag nach 18 Monaten Haft freikam. Die Regierenden in Iran erwarteten als Gegenleistung für diese großzügige Geste vor allem die Verbesserung der deutsch-iranischen Beziehungen, die Hombach «zu neuer Blüte bringen (sollte). Die Perser brauchen dringend Kapital, um ihre marode Wirtschaft in Fahrt zu bringen. Und die deutschen Konzerne drängen auf den Absatzmarkt mit 70 Millionen Menschen.»[36]

In den folgenden Monaten nahmen die deutschen Exporte nach

Iran wieder kräftig zu. Im April 1999 empfing der deutsche Außenminister Fischer seinen iranischen Amtskollegen, und bereits ein Jahr später (Juli 2000) kam der iranische Präsident Khatami zu einem Staatsbesuch in die Bundesrepublik. Deutschland und Iran beschlossen einen Neuanfang in ihren Beziehungen nach der Affäre um den «Mykonos»-Prozess und der Freilassung von Hofer. Die Hermes-Bürgschaften für deutsche Exporte wurden verfünffacht, damit konnte der Export richtig Gas geben. Auch das deutsch-iranische Kulturabkommen wurde neu belebt. In der Goethe-Stadt Weimar hielt Khatami «die wichtigste Rede seines Deutschlandbesuchs... (und sprach) im Beisein von Bundespräsident Johannes Rau über das Verhältnis von Ost und West, von Tradition und Moderne (...) Im Mittelpunkt des zweiten Tages des Deutschlandbesuchs von Chatami standen gestern die Wirtschaftsbeziehungen beider Länder. Der Staatspräsident äußerte die Hoffnung auf eine ‹neue Phase› in der Zusammenarbeit.»[37]

In Weimar wurde anlässlich des Besuchs ein Denkmal zu Ehren von Goethe und dem persischen Dichter Hafez eingeweiht, der Goethe zu seinem «West-östlichen Diwan» beeinflusst hat. Die deutsche Öffentlichkeit erwartete jedoch mehr als symbolische Gesten, nämlich den politischen Wandel in Iran, und in letzter Konsequenz, einen Regimewechsel. Wie wenig diese Erwartungen mit der politischen Realität in Iran zu tun hatten, zeigt die Entwicklung nach der Wahl von Mahmud Ahmadinejad. Dabei wird vor allem eines deutlich: eine fast erschreckende Unkenntnis der persischen Kultur und Mentalität sowie die kontinuierliche Fehleinschätzung der wahren Machtverhältnisse. Insgesamt gesehen war die achtjährige Regierungszeit von Mohammed Khatami ein Glücksfall für die deutsch-iranischen Handelsbeziehungen.

Ankunft in der Gegenwart

«Die ausländischen Lieferanten reiben sich die Hände. Lange hatten sie auf diese Auftragswelle warten müssen (...) Der hohe Ölpreis ermöglicht Iran, seine lange vernachlässigte Infrastruktur zu modernisieren und auszubauen. Eingesetzt hat dieser Prozess vor zwei Jahren (...). Iran ist damit (...) einer der attraktivsten Märkte überhaupt geworden. Alle großen deutschen Unternehmen sind mit Großaufträgen vertreten.»[38]

Die Geschäfte liefen für deutsche Firmen gut in Iran, bis die Politik wieder eingriff. Seither bestimmen zwei Themen die Diskussion: der so genannte Atomstreit und die Person Ahmadinejad.

Die beiden letzten Amtsjahre von Khatami waren geprägt von starken gesellschaftlichen Veränderungen, internen Machtkämpfen zwischen rivalisierenden Gruppen (Fundamentalisten vs. Liberale) und dem verheerenden Erdbeben in der ostiranischen Stadt Bam im Dezember 2003 mit mehr als 40 000 Toten.

Im Frühsommer 2004 geriet das iranische Kernkraft-Programm auf die internationale Agenda. Am 14. Juni 2004 schrieb die FAZ: «Iran will Anerkennung als Nuklearstaat. IAEA-Gouverneursrat will über Resolutionsentwurf beraten.» Damit war die Richtung quasi vorgegeben. Die USA warfen Iran Unterstützung der Terrororganisation al-Kaida vor, ohne entsprechende Beweise vorlegen zu können. Eine Fehleinschätzung, denn drei Jahre später drohte al-Kaida Iran, wie die «Financial Times Deutschland» meldete: «Der irakische al-Kaida-Ableger ‹Islamischer Staat im Irak› hat mit Anschlägen auf Iraner gedroht, falls Teheran die Regierung in Bagdad weiter unterstützt. Die Drohung richte sich auch gegen Banken und Finanzorganisationen im Irak, die mit dem Nachbarland Geschäfte tätigten.» (10.7.2007)

Währenddessen suchte die iranische Führung die vorsichtige Annäherung an die USA (FTD vom 19.7.2004). Nach dieser politischen Steilvorlage der Regierung Bush verschärfte sich die Auseinandersetzung zwischen den USA, der EU und Iran, deren Hardliner dann im September konterten («Iranische Bedrohung. Wir werden Israel vom Erdboden fegen», in: FAZ vom 06.9.2004). Der Konflikt entwickelte sich zu einer angeblichen Bedrohung der freien Welt durch das iranische Nuklearprogramm.

Die UNO sah noch im November 2004 «keine Beweise für Atomwaffen in Iran», und die Regierung in Teheran erklärte, die

Urananreicherung würde ausgesetzt (FTD vom 16.11.2004). Mitte Januar wurde berichtet, die «USA sondieren Ziele für Angriffe auf Iran. Die ‹Zivilisten› im Pentagon wollen so viel der militärischen Infrastruktur zerstören wie möglich.»[39]

Angesichts der in Iran allgegenwärtigen Verschwörungstheorien war diese Ankündigung der Tropfen, der das Fass zum Überlaufen brachte. In dieser aufgeheizten Atmosphäre fand die Präsidentenwahl in Iran statt. Bei dieser Wahl konnte der iranische Wähler sich zwischen zwei Kandidaten entscheiden, die beide aus dem konservativen Lager kamen: dem früheren Präsidenten Hashemi Rafsanjani und Mahmud Ahmadinejad. Die Wähler hatten also die Wahl zwischen Teufel und Beelzebub. Rafsanjani, dem viele eine weitere Öffnung des Landes zum Westen zutrauten, wurde nicht gewählt, weil er zu den größten Profiteuren des Regimes gehörte (laut Forbes-Liste ist er der reichste Mann Irans).

Ahmadinejad gewann die Stichwahl mit 61,9 Prozent bei einer Wahlbeteiligung von 59,7 Prozent. Rafsanjani unterlag mit 35,9 Prozent der Stimmen. Am 26. Juni 2005 verkündete die «Frankfurter Allgemeine Sonntagszeitung»: «Ein Fundamentalist wird Irans Präsident. Sorge im Westen. Ahmadinedschad kündigt neue Ölpolitik an.» Das Ausland reagierte mit Ablehnung und harscher Kritik, die der neue Präsident durch seine öffentlichen Äußerungen zum Holocaust (Zweifel an der Existenz der Konzentrationslager, der Zahl getöteter Juden), zur Existenzberechtigung Israels, zum iranischen Atomprogramm, zur Außenpolitik (Anspruch Irans als Führungsmacht im Mittleren Osten) und zur Innenpolitik (Krieg den Feinden des Islam) prompt bestätigte.

Seither ist das Verhältnis Irans auch zu Deutschland mehr als nur gespannt. Ahmadinejads Äußerungen zu den (angeblichen) Fortschritten des iranischen Nuklearprogramms, seine gezielten Provokationen in Richtung internationale Staatengemeinschaft tragen nicht gerade zur Lösung der Konflikte bei. Die iranische Gesellschaft hat derweil andere Sorgen: hohe Arbeitslosigkeit (rund 35 Prozent), hohe Inflationsrate (etwa 20 Prozent), steigende Preise und die wieder zunehmende staatliche Repression.

Die deutschen Unternehmen reagieren auf diese Rahmenbedingungen wieder sehr zurückhaltend, zumal «die Bundesregierung die Förderung von Exporten in den Iran durch Hermes-Bürgschaften erheblich beschnitten hat. Hinzu kommt, dass die USA Deutschland und andere EU-Länder vehement auffordern, die staatliche Förderung von Exporten in den Iran zu drosseln oder zu stoppen. (...) Zwar vergibt Berlin noch neue Bürgschaften für Iran-Geschäfte. Der starke Rückgang im vorigen Jahr ist aber zumindest zum Teil politisch begründet.»[40]

Eine Prognose über die weitere Entwicklung in Iran kann niemand ernsthaft wagen. Im Rückblick auf meine nun 29-jährige intensive Beschäftigung mit Iran kann ich nur feststellen, dass bislang sämtliche Einschätzungen über die Zukunft dieses Landes an der Realität vorbeigegangen sind. Ober wie Hubert Wetzel von der «Financial Times Deutschland» feststellt: «Hamburg/Teheran – Die politischen Verhältnisse in Teheran sind schwer zu durchschauen. In der Islamischen Republik kämpfen viele Kräfte, geistliche und weltliche, konservative und reformorientierte, um Einfluss. Verlässliche Prognosen sind im komplizierten Machtgefüge des Mullah-Regimes kaum möglich.»[41]

4. Die geölten Räder der persischen Etikette

«Überall auf der Welt funktionieren Banken wie Banken, Bibliotheken wie Bibliotheken und Flughäfen wie Flughäfen. Aber da ist noch ein alltäglicher Rest, der dem Beobachter das Ganze als fremdartig und erstaunlich erscheinen läßt. Das ist die Kultur.»[42]

Interkulturelle Handlungskompetenz

Nur, was ist Kultur? Es gibt Hunderte von verschiedenen Definitionen, was Kultur sei. Fast jeder Mensch hat eine eigene Erklärung für das Phänomen Kultur. Es ist ein oft und leicht verwendetes Wort, ein abstrakter Begriff, dessen Bedeutung abhängig ist vom jeweiligen Kontext des Benutzers.

Von Leibniz, Voltaire über Herder, Humboldt, Kant bis zu Adorno, Marcuse und Luhmann haben zahlreiche große Denker sich mit dem Begriff Kultur beschäftigt. Man unterscheidet zwischen «primitiven» Kulturen und so genannten Hochkulturen, zwischen National- und Regionalkulturen, es gibt eine Alltagskultur und eine Subkultur, eine materielle und eine geistige Kultur, eine politische Kultur.

Es gibt sogar eine Kultur der Niederlage, wie uns der Titel eines Buches über klassische militärische Niederlagen suggerieren will. Die beiden amerikanischen Anthropologen Alfred L. Kroeber und Clyde Kluckhohn haben 1952 in einer Studie mehr als 300 verschiedene Definitionen von Kultur erfasst. Seither sind zahlreiche weitere hinzugekommen.

Jeder Mensch wird in eine spezifische Kultur hineingeboren und in ihr und durch sie sozialisiert. Diesen Prozess der Enkulturation, die langsame Aufnahme kultureller Verhaltensformen und erlernbarer Praktiken einer Gesellschaft, durchlaufen alle ihre Mitglieder. Kulturen werden erlernt, sie sind weder statisch noch deterministisch, sondern verändern sich. Solange jemand sich in seiner eigenen Kultur bewegt, kennt er sich in seiner sozialen Umwelt aus. Er verfügt über ein Repertoire an soziokulturellen Gemeinsamkeiten (Regeln, Normen, Werte und Verhaltensweisen seiner Gesellschaft) und weiß darüber Bescheid, was er tun darf oder was er zu lassen hat. In jeder Kultur wird abweichendes Verhalten und werden Regelverstöße von den anderen Mitgliedern der Gesellschaft nicht toleriert, sondern erfahren Ablehnung, Missbilligung oder Strafe. Für die meisten Menschen ist die eigene Kultur der Mittelpunkt der Welt und der Maßstab aller Dinge. Diese ethnozentristische Einstellung spielt in der interkulturellen Begegnung eine außerordentlich bedeutsame Rolle. Ehnozentrismus besagt, dass die eigenen Regeln, Normen, Werte und Sitten zum Standard aller Beurteilungen gemacht werden, sei es bewusst oder unbewusst. Das Fremde, das Unbekannte, wird häufig abgelehnt und gering geschätzt. In der interkulturellen Kommunikation kann das fatale Folgen haben.

Will man den Zusammenhang zwischen Individuum und Kultur darstellen, wird oft auf das Eisberg-Modell zurückgegriffen.

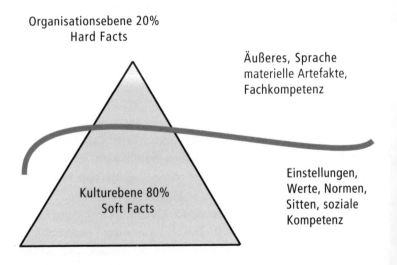

Das ursprünglich auf den Begründer der Psychoanalyse, Sigmund Freud, zurückgehende Modell verdeutlicht, dass immer nur ein kleiner Teil einer Kultur bewusst wahrnehmbar ist. Die jeder Interaktion zugrunde liegenden «Antriebskräfte» bleiben dagegen meist unter der Oberfläche verborgen.

Erst unter Einbeziehung derartiger konzeptioneller Hintergründe wird eine Kultur erklär- und verstehbar. So wie auf der Organisationsebene das «Was» einer Kultur beschrieben wird», so ermöglicht die Kulturebene die Erklärung des «Warum» bestimmter Eigenarten und Funktionszusammenhänge. Damit eröffnen sich letztendlich immer auch historische Perspektiven, die ihrerseits Verknüpfungsmöglichkeiten bieten und Kulturen als offene Netzwerke von – sowohl in der Gegenwart als auch in der Vergangenheit – unendlich vielen untereinander verbundenen Handlungen verstehen lassen.

Wenn Menschen aus verschiedenen Kulturen zusammentreffen, sei es im privaten oder geschäftlichen Rahmen, treffen immer auch unterschiedliche Kulturen aufeinander. Probleme entstehen meist dann, wenn man in eine fremde Gemeinschaft gerät, deren soziokulturelle Gemeinsamkeiten man nicht kennt und auch nicht kennen kann. Bei solchen interkulturellen Begegnungen kommt es unweigerlich zu Fehlwahrnehmungen, Fehlinterpretationen und Missverständnissen bei der Einschätzung der fremden Person und ihres Verhaltens. Kurz, der Kulturkontakt steckt voller Fallen.

Die wenigsten internationalen wirtschaftlichen Kooperationen scheitern aus technischen oder wirtschaftlichen Gründen. Sie enden meist vorzeitig, weil die Akteure, und das gilt für beide Seiten, nicht oder nicht genügend auf solche interkulturellen Begegnungen vorbereitet, das heißt, sensibilisiert worden sind. Es fehlt ihnen schlichtweg an interkultureller Handlungskompetenz.

Interkulturelle Kompetenz meint die Fähigkeit und Bereitschaft,
- kulturspezifische Wert- und Orientierungssysteme adäquat wahrzunehmen,
- fremde Denk- und Verhaltensweisen richtig einzuordnen
- und das eigene Verhalten zielführend zu erweitern.

Damit man interkulturell kompetent handeln kann, braucht man solide Kenntnisse der eigenen, besonders aber der jeweils anderen Kultur und ihrer Wirkungszusammenhänge, eine entsprechende Sensibilität sowie die Fähigkeit, diese Komponenten in kompetentes Handeln umzusetzen, also Handlungskompetenz. Diese Anforderungen lassen sich gezielt im Rahmen eines interkulturellen Trainings erlernen.

Kulturstandards dienen als Orientierungssysteme

Einer heute populären und zeitgemäßen Definition zufolge kann man Kultur nach Geert Hofstede als «die mentale Software» eines Menschen verstehen.

Jede Kultur verfügt über ein bestimmtes Repertoire an unterschiedlichen Kulturstandards, die von den Mitgliedern einer Gesellschaft während der Sozialisation erworben und geteilt werden. Sie werden ihnen mit der Zeit selbstverständlich, verbindlich und müssen nicht mehr hinterfragt werden. Von jemandem, der zu sehr in seinen eigenen kulturellen Grenzen befangen ist, sagt man, er könne «nicht über den eigenen Tellerrand hinausblicken». Kulturstandards umfassen die in einer Gesellschaft geteilten gemeinsamen Werte, Normen, Regeln und Einstellungen, die für die Ausführung und Beurteilung von Verhaltensweisen ihrer Mitglieder erforderlich sind. Sie sind praktisch die von allen anerkannten Spielregeln.

Kulturstandards vereinfachen die komplexe Wirklichkeit einer Kultur und machen sie übersichtlicher. In dieser Eigenschaft fungieren sie nach Alexander Thomas als Orientierungssysteme, die uns praktisch vorschreiben, wie wir etwas wahrzunehmen, wie wir es zu bewerten und wie wir zu denken haben. Sie helfen den Mitgliedern einer Gesellschaft, sich in ihr richtig, also normal, zu verhalten und zeigen zugleich die Grenzen dieses Handlungsrahmens, den Toleranzbereich auf.

Abweichendes Verhalten wird als befremdend erfahren, das irritiert und abgelehnt wird. Fremde Kulturstandards können, abhängig vom jeweiligen Kenntnisstand oder der Erwartungshaltung,

Unsicherheit und Aggressionen auslösen und das eigene Feindbild verstärken. Im besten Fall erzeugen sie nur Unverständnis und Kopfschütteln.

Die Kulturstandards einer Gesellschaft sind miteinander verflochten, sie können auf unterschiedlichen Hierarchie- oder Wertebenen angesiedelt sein mit «sehr spezifischen kontextabhängigen Verhaltensregeln». Sie sind nie völlig statisch, sondern unterliegen gesellschaftlichen Veränderungsprozessen und können sich neuen Situationen anpassen. Kulturstandards können auch aus einer fremden Kultur übernommen werden.

Ein Beispiel aus der jüngeren Zeit ist die inoffizielle Einführung des Valentinstages in Iran. Nach einem Bericht der iranischen Zeitung «Sharg» vom 14. Februar 2004 wurde «Iran von dieser importierten Tradition geradezu überschwemmt», obwohl sie keinen Bezug zur persischen Kultur hat. In Deutschland werden seit Anfang der 1990er-Jahre in allen Städten Halloween-Partys gefeiert, obwohl der Brauch keltischen Ursprungs ist und aus England stammt, auch dies ohne jeglichen Bezug zur deutschen Kultur.

Kulturstandards einer Kultur können in einer anderen fehlen, ähnliche Kulturstandards können unterschiedlich ausgelegt werden. Diese Erfahrung machen wir bereits bei unseren nächsten europäischen Nachbarn, mit denen wir doch das gemeinsame kulturelle Erbe teilen.

Wer zu Hause gewohnt ist, direkt zur Sache zu kommen, hat damit andernorts wie beispielsweise in Iran schon verloren. Was in unserer Kultur als ehrlich gilt, wird in einer anderen Kultur als unhöflich und beleidigend empfunden. Wer als Deutscher in Iran zu einem geschäftlichen Termin schlecht vorbereitet erscheint, weil er davon ausgeht, dass der iranische Geschäftspartner die ersten Treffen nur zum Kennenlernen ansetzt, unterminiert seine Verhandlungsposition. Von Deutschen wird überall erwartet, dass sie optimal vorbereitet sind.

Wer im Ausland beruflich erfolgreich sein will, muss über eigene und fremde Kulturstandards gleichermaßen Bescheid wissen und mit ihnen situationsadäquat umgehen können.

Persische und deutsche Kulturstandards

Der Bereich der interkulturellen Kommunikation/Interaktion ist in den letzten Jahren verstärkt in das Blickfeld der Managementtheorien geraten. Es gibt mittlerweile eine Vielzahl von Veröffentlichungen von interkulturell arbeitenden Wissenschaftlern, die mit verschiedenen Modellen arbeiten und häufig zu eher generalisierenden Aussagen über Kulturstandards gelangen

Bei der Beschreibung der für eine Gesellschaft typischen Kulturstandards läuft man immer Gefahr, diese stark zu verallgemeinern. Gesellschaften sind weder explizit homogen, noch sind ihre Kulturen statisch, sondern unterliegen, bedingt durch eine Vielzahl unterschiedlicher Umwelteinflüsse, stetigen Veränderungsprozessen. Das gilt in diesem Zusammenhang auch für die iranische Gesellschaft.

Die nachfolgende Tabelle fasst die für die deutsche und die iranische Gesellschaft typischen Verhaltensmerkmale zusammen:

Deutschland	**Iran**
Regelorientierung Sache wichtiger als Person	**Beziehungsorientierung** Person wichtiger als Sache, Loyalität
Verträge sind bindend	Verträge müssen modifizierbar sein
eher abschlussorientiert	stärker prozessorientiert
Verhandlungen sachbezogen	Verhandlungen beziehen sich eher auf die handelnde Person
eindimensionales Wahrheitsverständnis	multiple Sichtweisen
stärker methodische Vorgehensweise	stärker intuitive Vorgehensweise
konsequentes Handeln wichtig	Ausnahmen sind nötig

Individualismus	**Kollektivismus**
größere Unabhängigkeit des Individuums	stärkere Abhängigkeit von der Gruppe
selbstständiges Handeln	Entscheidungen nach Rücksprache
aktives Lernen, kritisches Hinterfragen	eher reaktives (Auswendig)-Lernen
persönliche Verantwortung	Verantwortung des Vorgesetzten, Ranghöchsten
persönliche Meinung wichtig	Ansicht der Gruppe, Familie wichtiger
Motivation durch Ehrgeiz, Leistungsanreize (=intrinsisch)	Motivation durch Anerkennung, Ansehen (=extrinsisch)
geringeres Harmoniebedürfnis, größere Konfliktbereitschaft	ausgeprägtes Harmoniebedürfnis, Konflikte vermeiden
ausgeprägtes Distanzverhalten, Körperkontakt tabu (beruflich)	geringes Distanzverhalten, häufiger Körperkontakt (beruflich/privat)
Zurückhaltung bei Ansichten, Gefühlen	Zurückhaltung bei Ansichten, Gefühlen (meist nur beruflich)
stärkeres Agieren	meist reagieren
kühles, selbstbeherrschtes Auftreten wird bewundert	eher zurückhaltendes, vorsichtiges Herantasten

Spezifisch	**Diffus**
direkt an eine Sache herangehen, Möglichkeiten abklären	vorsichtiges, indirektes Umkreisen, Ausloten
eindeutiges Zuordnen wichtig	ausweichendes, taktvolles Agieren
Transparenz, Klarheit sind wichtig	Dinge, Ansichten im Unklaren lassen

Prinzipien und Moralvorstellungen sind weniger personengebunden, Werte an sich	Prinzipien und Moralvorstellungen sind stark an die jeweilige Person gebunden, Urteile werden situationsbezogen getroffen
Leistungsorientierter Status sozialer Aufstieg abhängig von der eigenen Leistung, Qualifikation, seltener von Beziehungen	**Zugeschriebener Status** sozialer Aufstieg abhängig von der Herkunft (Zugehörigkeit zu einer Klasse, Gruppe), weniger von der Qualifikation
Verwendung von Titeln abhängig von Kompetenz	Verwendung von Titeln abhängig von Position
Respekt vor Vorgesetzten abhängig von deren Leistungen, Kenntnissen, nicht Alter	Respekt vor Vorgesetzten abhängig von Seniorität, Position
sozialer Aufstieg für Frauen abhängig von Qualifikation	kaum sozialer Aufstieg für Frauen
Kultur der (persönlichen) Schuld hoher Stellenwert der Eigenverantwortung	**Kultur der Scham** Ablehnung jeglicher Eigenverantwortung, delegieren an den Vorgesetzten, die Gruppe
Selbstrespekt äußerst wichtig	das Gesicht wahren ist wichtiger, ausgeprägter Ehrenkodex
hohe Wertschätzung des persönlichen Gewissens	ausgeprägtes Schamempfinden gegenüber anderen
eigene Überzeugung wichtiger	eigene Überzeugung abhängig von den Normen der Gruppe
Konflikte werden direkt gelöst	Konfliktlösung durch Vermittlung Dritter
starkes Rechts- bzw. Unrechtsempfinden	Bemühen um Ausgleich

Direkte Kommunikation (Low-Context)	Indirekte Kommunikation (High-Context)
Wahrhaftigkeit und Ehrlichkeit wichtig	Vermeiden von peinlichen Situationen
Offenheit in der Kommunikation	vorsichtiges, respektvolles Kommunizieren
Direktheit in der Sache	indirektes Herangehen, Negatives oder Wichtiges kommt am Schluss
Integer bedeutet: sagen, was man denkt	integer heißt: Harmonie erhalten, Konsens
direkte, offene Kritik an einer Person, Sache	offene Kritik wird vermieden, geringe Konfliktbereitschaft
stark formalisierte Kommunikation	Kommunikation meist auf persönlicher Ebene
klare, eindeutige Aussagen	Dinge umschreiben, Rhetorik

Monochrone Zeitorientierung «Time is Money»	Polychrone Zeitorientierung «Time is no Problem»
Aufgaben werden sequenziell abgearbeitet	mehrere Dinge werden gleichzeitig getan
Fristen und Deadlines sind verbindlich	Fristen und Deadlines sind eher Richtlinien
effizientes Zeitmanagement wichtig	kein Zeitmanagement
Pünktlichkeit ist verpflichtend	persönliche Beziehungen wichtiger als Einhalten von Terminen
Planungen sind langfristig und vorausschauend angelegt	flexible Planungen, meist Ad-hoc-Reaktionen
reagieren auf Unterbrechungen eher ungehalten	sind anfällig für Unterbrechungen

Die hier aufgelisteten Kulturstandards können als repräsentativ für Deutschland und Iran gelten. Sie sind das Ergebnis wissenschaftlicher Studien (unter anderem G. Hofstede) als auch eigener empirischer Erhebungen zu Iran, persönlicher Einsichten während meiner langjährigen Tätigkeit in einem iranischen Unternehmen sowie den Erfahrungen, die ich in meinen Seminaren in Iran mache.

Sie zeigen, welche unterschiedlichen Einstellungen Menschen zu ihrer Arbeit haben, wie sie Dinge erledigen, wie sie miteinander kommunizieren oder wie sie mit ihrer Zeit umgehen. Will man das Verhalten von Iranern besser verstehen und einschätzen können, ist die Kenntnis dieser Merkmale unerlässlich. Zu beachten ist allerdings, dass die für eine spezifische Kultur typischen Verhaltensmuster auf lange Sicht immer Veränderungen ausgesetzt sind, «à la longue durée» (Fernand Braudel), wohlgemerkt.

Einige ausgewählte persische Kulturstandards

Kulturstandards sind Teil des kollektiven Gedächtnisses eines Volkes und werden durch historische Erfahrungen geprägt (siehe hierzu Kapitel 2, ab Seite 31). Das gibt ihnen eine Beständigkeit und Verlässlichkeit, die für die Mitglieder einer Gesellschaft wichtig sind. Ich habe im Folgenden weitere typische persische Kulturstandards aufgelistet, die Ihnen in der Interaktion mit Iranern begegnen werden.

Typisch persische Kulturstandards
- Nationalstolz **(Melliat-e Parasti)**
- Hierarchiebewusstsein
- Unsicherheitsgefühl **(Na-motma'en)**
- Misstrauen **(Bad gomani)**
- Schlauheit, List **(Zirangi)**
- Ta'rof
- Gesicht wahren **(Aberu hefz kardan)**

Nationalstolz

Iraner haben ein ausgeprägtes Nationalgefühl. Das Wissen um ihre mehr als zweieinhalb Jahrtausende alte Kultur macht sie besonders stolz und verleiht ihnen ein Gefühl von Überlegenheit. Laut einer iranischen Umfrage von 2005 gaben 70 Prozent der befragten Jugendlichen an, Iran jedem anderen Land vorzuziehen, 86 Prozent sind stolz, Iraner zu sein.

Das sind erstaunliche Werte für ein Land, in dem Jugendliche weniger persönliche Freiheiten genießen als ihre Altersgenossen in westlichen Staaten. Die Kehrseite dieses Nationalstolzes ist ein latenter Chauvinismus (Anspruch auf politische Führungsrolle in der Region, Atomprogramm) und Überheblichkeit gegenüber den arabischen Nachbarn. Den Arabern wird Kultur grundsätzlich abgesprochen.

Hierarchiebewusstsein

Die iranische Gesellschaft ist seit alters her eine patriarchalische Gesellschaft. Hierarchien, Standesunterschiede und analoge Verhaltensweisen (verbale und nonverbale Gesten der Unterwerfung) werden als natürlich angesehen. Herkunft und Zugehörigkeit zu einer bestimmten sozialen Gruppe entscheiden stärker über sozialen Aufstieg als Qualifikation. Das gilt für die Schahzeit und hat sich auch nach der Revolution nicht grundlegend geändert – mit dem einen Unterschied, dass heute sich die Führungskräfte in Politik und Wirtschaft vorwiegend aus dem religiösen Milieu rekrutieren.

Unsicherheitsgefühl

Iraner schwanken relativ oft in ihrer Selbstsicherheit. Sie ist stimmungsabhängig und schwankt zwischen Übertreibung und Unsicherheit. Dieses Unsicherheitsgefühl ist Teil der historischen Erfahrungen, die in ihre Sozialisation eingeflossen sind. Am auffälligsten zeigt sich das Bedürfnis nach Sicherheit in der verbalen und nonverbalen Kommunikation, bei der es eine Vielzahl von Formen sprachlicher Rückversicherungen und Gesten der Unterwerfung im nonverbalen Bereich gibt.

In der iranischen Gesellschaft ist das Bedürfnis nach Unsicherheitsvermeidung relativ schwach (in Deutschland dagegen hoch) ausgeprägt. Unsicherheitsvermeidung meint, dass Unsicherheit (Ungewissheit) als eine normale Erscheinung im Leben und als Alltagserscheinung hingenommen wird.

Misstrauen

Iraner sind grundsätzlich sehr misstrauische Menschen. Das ist einer der Gründe, warum Verschwörungstheorien fast allgegenwärtig sind. Sie lassen sich als einfache und wirksame Erklärungsmuster instrumentalisieren, und zwar unabhängig vom sozialen Status. Das permanente Misstrauen ist natürlich auch historisch begründet. Jahrhunderte der Fremdherrschaft haben ein Bild geschaffen, in dem Ausländer als Ausbeuter gelten, deren Denken nur auf Profit hin orientiert ist. Iraner dagegen sehen immer die Gemeinschaft, für die es zu sorgen gilt. Viele Iraner sehen bei einem unerwarteten Ereignis oder bei einem, das sie nicht einschätzen können, konspirative Kräfte am Werk. In dieser Hinsicht unterscheiden sie sich in keinem Punkt von ihrer Regierung. Die meisten Karikaturen in iranischen Zeitungen thematisieren Verschwörungstheorien. Die Einstellung zu Ausländern generell ist ambivalent. Sie schwankt zwischen Bewunderung und Ablehnung.

Schlauheit

Die sprichwörtliche Schlauheit oder Listigkeit von Iranern verkörpert am besten die literarische Figur des *Mullah Nasreddin,* eines populären persischen Volkshelden aus dem 14. Jahrhundert. Als ein Philosoph des Alltags meistert er die Herausforderungen des Lebens mit Witz und Schlauheit. Von ihm haben Generationen junger Iraner gelernt. Anders als Deutsche sehen Iraner das Leben nicht als eine bloße Abfolge kausaler Ereignisse nach dem Ursache-Wirkungs-Prinzip. Das Leben gestaltet sich für sie viel komplexer.

Dinge sind nie vorhersehbar. Daraus ergibt sich die Einsicht, dass man stets mit allem rechnen muss. Das führt keineswegs zu einer passiven Lebenseinstellung. Iraner glauben vielmehr, es sei besser, Dinge und Ereignisse positiv zu beeinflussen. Dazu ist auch der Einsatz trickreicher Mittel legitim, solange es nicht auffällt. Sie denken, durch ein gehöriges Maß an Schlauheit ließen sich Menschen und Situationen erfolgreich manipulieren und günstig stimmen. Wahrheit ist immer in einem doppeldeutigen Sinne zu verstehen, sie wird nie statisch gebraucht.

Ta'rof

Wenn Menschen miteinander interagieren, müssen sie bestimmte Regeln beachten und anwenden können. In jeder Gesellschaft beinhaltet Kommunikation zudem die Zuschreibung sozialer Rollenmuster. In Iran sind diese Rollenzuschreibungen stärker ausgeprägt als in Deutschland.

Eines der sonderbarsten Phänomene im Bereich der Kommunikation ist hier der Kulturstandard Ta'rof, dessen Sinn sich Ausländern allein schon wegen der sprachlichen Barrieren kaum erschließen lässt. Ta'rof ist mehr als nur ein iranisches Gesprächsverhalten, wie Betty Mahmoody meinte. Es ist vielmehr ein kompliziertes Geflecht stark ritualisierter Verhaltensweisen mit dem Ziel des beiderseitigen Gesichtswahrens. Als Kommunikationsstrategie dient es der Durchsetzung der eigenen Interessen (in dem Kapitel «Höflichkeiten und Komplimente», ab Seite 107, werde ich darauf ausführlicher eingehen).

Das Gesicht wahren

Die persische Kultur erwartet vom Individuum, dass es Autorität anerkennt und sie respektiert. Dafür wird ihm ein großes Maß an Würde und Selbstrespekt zugestanden. In Iran wird eine Person häufig nach Kriterien wie Aussehen, Herkunft und Lebensweise beurteilt. Will jemand von anderen respektiert werden, muss er besonders auf sein Verhalten achten. Ein zentraler Aspekt interpersonaler Beziehungen ist das Bedürfnis, das Gesicht zu wahren.

Umgekehrt wird Gesichtsverlust als Demütigung empfunden, die unter allen Umständen zu vermeiden ist. Man schämt sich. Hier kommt der Kulturstandard der Schamkultur zur Geltung. Das Gesicht verliert man durch eigenes falsches Handeln oder durch das Handeln eines nahe stehenden Menschen, das nicht den Erwartungen der Gesellschaft entspricht. Einen Fehler zu begehen wird mit dem Eingeständnis von Unwissenheit oder Unkenntnis gleichgesetzt. Unwissend zu sein gilt als Schande, die nicht nur auf die betreffende Person, sondern auf die gesamte Familie zurückfällt.

Die Bereitschaft zu Selbstkritik ist äußerst schwach entwickelt, um es höflich auszudrücken. Iraner reagieren sehr sensibel auf jede Form von Kritik, sei sie offen oder verdeckt.

Tipp
Um Konflikte zu vermeiden, sollten Sie nie öffentlich und nie direkt Kritik an einer Person oder Sache äußern. Das Schlimmste, was einem Iraner passieren kann, ist beim Begehen eines Fehlers erwischt zu werden. Wenn dies auch noch im Beisein eines Ausländers passiert, ist es noch schlimmer. Nach derartigen Vorfällen ist eine weitere Kooperation nicht mehr möglich.

Hinter allem lauert der Feind: Verschwörungstheorien

Verschwörungstheorien sind in Iran nicht nur sehr populär und verbreitet. Sie dienen vor allem als leicht und überzeugend zu instrumentalisierende Erklärungsmuster für die Unwägbarkeiten des Lebens. Die in Iran populären Verschwörungstheorien haben den Charakter von festen Überzeugungen, die im kollektiven Gedächtnis tief verankert sind. Sie werden einerseits historisch begründet aufgrund der Erfahrungen, die Iraner unter jahrhundertelanger Fremdherrschaft durch ausländische Mächte gemacht haben. Andererseits werden sie auf das verborgene Wirken geheimer Organisationen zurückgeführt.

Die meisten dieser Theorien basieren auf einem simplen Dualismus, demzufolge die Welt zwischen guten und bösen Mächten aufgeteilt ist, wobei das Böse den Gang der Geschichte bestimmt. Dieser Dualismus ist Teil des vorislamischen zoroastrischen Erbes. Die politische Funktion von Verschwörungstheorien besteht darin, dass sie Erklärungen liefern für Misserfolge, militärische Niederlagen, Revolutionen und die allgemeine Rückständigkeit und Unterlegenheit gegenüber dem Westen. Das iranische Atomprogramm hat hier eine seiner Ursachen.

Wichtiger ist dagegen die soziale Funktion von Verschwörungstheorien. Individuelle Ängste lassen sich mit ihnen beschwichtigen. Dadurch schränken sie allerdings auch den Handlungsspielraum gegenüber externen und internen sozialen und politischen Herausforderungen ein. Verschwörungstheorien erklären Iranern so ziemlich alles, auch die Geschichte ihres Landes seit dem Beginn des 20. Jahrhunderts. Sie erklären nicht nur, sondern ihre Akzeptanz leitete stets das Handeln der politischen Akteure. Die daraus resultierenden Erfahrungen im Zusammenspiel mit den mutmaßlichen Aktivitäten ausländischer Verschwörer schaffen ein diffuses Gefühl von Unsicherheit und Unterlegenheit. Dieses Gefühl ist dann der Boden, auf dem das Misstrauen wächst. Damit schließt sich der Kreis.

Die modernen Verschwörungstheorien lassen sich in zwei Kategorien einteilen: in jene, die sich auf die westlichen Kolonialmächte beziehen, und in Theorien, denen der Glaube an das Wirken satanischer Mächte zugrunde liegt, die Iran seit alters her bedrohen. Zu den prominentesten Theorien gehören:

- Verschwörungstheorien über die Kolonialmächte des 19. Jahrhunderts (Aufteilung Irans zwischen England und Russland),
- Verschwörungstheorien, die sich auf die Briten beziehen (Besetzung Irans im Zweiten Weltkrieg),
- Verschwörungstheorien über die CIA (Putsch gegen den Premierminister Mossadegh 1953),
- Verschwörungstheorien über Mächte, die mit dem Satan im Bunde stehen (Hellenismus, Freimaurertum, Zionismus, Baha'i),
- Verschwörungstheorien über die USA, Israel und die Vereinten Nationen (im aktuellen Atomstreit).

Hinzu kommt, dass diese Theorien sich in Zeiten gesellschaftlicher und politischer Unruhen stets als wirksamer Verteidigungsmechanismus bewiesen haben.

Anders als die Mehrheit der Bevölkerung wittert die Regierung überall im Lande Spionageaktivitäten. Dieser Vorwurf bezieht sich auf (angebliche) Versuche ausländischer Mächte (USA und Großbritannien), die iranische Gesellschaft zu unterwandern und sie für ihre dunklen Zwecke zu instrumentalisieren. Ziel sei die Abkehr vom rechten Weg des Glaubens und Sturz der islamischen Regierung. Das ist nicht ganz unbegründet.

Aber es braucht ja nicht immer feindliche Agenten. So berichtet die amtliche iranische Nachrichtenagentur IRNA am 11. Mai 2007, das nicht ordnungsgemäße Tragen des islamischen Schleiers, des Tschador, sei nach Überzeugung des iranischen Ayatollah Mohammad Emami Kashani die Folge einer «von den USA angeführten westlichen Verschwörung». Mit ihr solle die Islamische Revolution und deren Wert bekämpft werden.

Mit dem Vorwurf der Spionage werden auch die häufigen Verbote liberaler Zeitungen gerechtfertigt, die als angebliches Sprachrohr des Westens dessen kulturelle Invasion vorantreiben. Eine der häufigsten Anschuldigungen gegen Regimegegner ist der Vorwurf der Spionage. Darauf steht die Todesstrafe.

Tipp
Sie sollten beim Umgang mit Behörden diese Ängste vor angeblichen Spionen sehr ernst nehmen.

Grundsätzlich gilt für alle öffentlichen Gebäude, Flughäfen und militärischen Anlagen ein absolutes Fotografierverbot. Sie sollten auch Personen nicht ohne deren ausdrückliche Einwilligung fotografieren.

Was auf Europäer eher wie Zufall wirken mag, wird von Iranern häufig für bare Münze genommen. Viele alltägliche Handlungen werden durch verbale und nonverbale Rituale abgesichert. Auch wenn man diese Verhaltensweisen eher in den Bereich des Aberglaubens ansiedeln würde, sollte man ihnen mit dem nötigen Respekt begegnen. Und so ganz frei von abergläubigen Vorstellungen ist unsere moderne Gesellschaft auch nicht. Man denke nur an die Bedeutung, die ein Freitag für viele Menschen hat, der auf den Dreizehnten eines Monats fällt. Oder die symbolische Bedeutung des Schweins als Glücksbringer.

5. Doing Business –
Wie Sie Ihr Geschäft aufbauen

«‹Das war eine tolle Sache. Jetzt können wir die Abteilung ‹Mittlerer Osten› gezielt in Iran einsetzen›, sagt Gerd Luberichs, Vorstandsmitglied des Baumaschinenherstellers Hanomag in Hannover. (…) Doch dann fährt er fort: ‹Ich habe zwei Tage in einen Markt investiert, der für uns unbekannt war.› Insgesamt sei er zufrieden, obwohl er noch keinen Auftrag verbuchen könne.»[43]

Richtige (mentale) Vorbereitung

Es wäre mehr als nur optimistisch, nach zwei Tagen schon mit handfesten Aufträgen zu rechnen. So schnell gehen die Geschäfte nun wirklich nicht, vor allem nicht in einem Markt, den man als Unternehmer zum ersten Mal betritt. Seit der Veröffentlichung dieses FAZ-Artikels sind fast zwanzig Jahre vergangen. Geändert hat sich seitdem, was die Anbahnung von Geschäftsbeziehungen betrifft, in Iran nur wenig.

Grundsätzlich gilt, dass der Aufbau geschäftlicher Beziehungen nicht nur zeit- und kostenintensiv ist, sondern vor allem einen langen Atem verlangt. Sie sollten bedenken, dass hier zwei unterschiedliche Geschäftskulturen aufeinandertreffen, für die als Erstes eine gemeinsame Basis gefunden werden muss, auf der man handeln und verhandeln kann. Als deutscher oder deutschsprachiger Geschäftsmann kommen Sie aus einer sachorientierten Kultur, sind abschlussorientiert und interessieren sich relativ wenig für Ihren Geschäftspartner.

In Iran treffen Sie dagegen auf einen Geschäftspartner, für den der Kulturstandard Beziehungsorientierung einen hohen Stellenwert hat. Für ihn ist es selbstverständlich, zu einem Geschäftspartner eine dauerhafte persönliche Beziehung, die über das rein Geschäftliche hinausgeht, aufzubauen und zu unterhalten. Geschäfte in Iran sind immer auch Grenzüberschreitungen, nicht nur im geografischen Sinne, sondern auch auf persönlicher Ebene. Dabei verwischen leicht die Grenzen zwischen Geschäftsleben und Privatsphäre (in dem Kapitel über Gastlichkeit, Seite 159, werde ich darauf weiter eingehen). Wer nicht bereit ist, sich darauf einzulassen und mit einem gewissen Stoizismus zu begegnen, wird in Iran keinen (dauerhaften) Erfolg haben.

Vor Ihrem wirtschaftlichen und persönlichen Engagement sollten Sie versuchen, möglichst viel an Informationen über Ihren zukünftigen Geschäftspartner in Erfahrung zu bringen. Im Zeitalter des Internets verfügen zahlreiche iranische Unternehmen über eine eigene Homepage.

Wo gibt es Hintergrundinformationen?
- Außenhandelskammer Teheran
- Unternehmerverbände
- Deutsche /Österreichische /Schweizer Botschaft in Teheran
- Agenten vor Ort
- auf Iran spezialisierte Beratungsfirmen
- Iranisches Wirtschaftsministerium
- Iranische Botschaft
- Teilnehmer früherer Handelsdelegationen

Das erste Treffen

Beziehungen – aus iranischer Sicht – lassen sich nur in einem langwierigen und oft auch (aus europäischer Sicht) ermüdenden Prozess der Vertrauensbildung aufbauen. Das Ziel ist klar: Wie in einer Ehe will man erst einmal wissen, mit wem man sich einlässt. Gesucht wird ein Geschäftspartner, mit dem man auf lange Sicht und ohne umständliche Verhandlungen Geschäfte betreiben kann. Der jederzeit, auch nach Geschäftsschluss oder an Wochenenden direkt erreichbar ist, ohne dass man den Umweg über seine Sekretärin nehmen muss. Geschäfte sollen auf Augenhöhe getätigt werden, wie dies bei gleichberechtigten Partnern so üblich ist. Das Gleiche gilt für den deutschen Geschäftspartner. Von ihm wird erwartet, dass er sich diesen Gepflogenheiten anpasst und die Regeln ebenso umsetzt.

Wenn Sie einen Termin mit Ihrem zukünftigen iranischen Geschäftspartner vereinbart haben, sollten Sie vor dem eigentlichen Treffen stets schriftlich und telefonisch eine Bestätigung einholen. Iraner handhaben Terminvereinbarungen etwas flexibler als Deutsche. In Iran sind außerdem drei unterschiedliche Kalender im Gebrauch (Einzelheiten im Anhang, Seite 183), und Sie können nicht wissen, ob Ihr Geschäftspartner religiöse Feiertage einhält oder ob die Regierung einen zusätzlichen (religiösen) Feiertag verordnet hat.

Das erste Treffen dient, ähnlich wie in den arabischen Ländern, dem gegenseitigen Kennenlernen, das relativ viel Zeit in Anspruch nehmen kann. Sie sollten deshalb für diesen Tag keine anderen Verabredungen treffen und ohne konkrete Erwartungen in Richtung auf erste mögliche Verhandlungen in das Gespräch gehen.

Beim Small Talk wird versucht, so viel wie möglich über Sie und Ihr Unternehmen in Erfahrung zu bringen, wobei die Themen nahtlos ineinander übergehen können. In der Regel wird das übliche Spektrum abgefragt: Herkunft, Ausbildung, beruflicher Werdegang, Familie, Sport, Einstellung zu Politik und Religion. Das ist alles noch relativ unverfänglich. Brisant wird es erst, wenn nach Ihrer Meinung zur aktuellen politischen Situation in Iran oder zum Thema Atomstreit gefragt wird. In diesem Fall können und sollten Sie ausweichen und versuchen, das Gespräch auf ein anderes Thema zu lenken. Sie sind schließlich als Geschäftsmann und nicht als Politiker nach Iran gereist. Der Small Talk sollte ein Dialog sein, keine Einbahnstraße. Daher wird von Ihnen erwartet, dass Sie mit dem gleichen Interesse Ihr Gegenüber befragen.

Für Iraner ist das erste Treffen auch deshalb wichtig, weil es der Selbstvergewisserung dient. Man möchte natürlich Fehlentscheidungen bereits im Vorfeld ausschließen und wissen, ob man auf der persönlichen Ebene kooperieren kann. Das ist insofern bedeutsam, weil sich potenzielle Konflikte dadurch leichter und ohne größeren Reibungsverlust (weniger Stress) lösen lassen. So können beide Parteien ihr Gesicht wahren.

Natürlich sind Iraner auch sachorientiert und an guten Geschäftsabschlüssen interessiert. Das ist dann der zweite Schritt. Vorher will und muss man wissen, mit wem man in eine geschäftliche Beziehung tritt. Die Sache wird erst am Schluss behandelt.

Die persische Gastlichkeit sieht vor, dass Sie entsprechend bewirtet werden. Das beginnt mit Tee und/oder Kaffee, anschließend werden Obst und Gebäck serviert. Die Höflichkeit gebietet es, dass Sie von allem etwas probieren. Das sollten Sie auf jeden Fall tun.

Werden Sie spontan zum Essen eingeladen, nehmen Sie die Einladung unbedingt an. Alles andere wäre ein Affront. Außerdem zeigt Ihr Verhalten, wie flexibel Sie auf unerwartete Situationen reagieren können. Eine Absage, aus welchen Gründen auch immer, kann bereits das Ende Ihres Geschäfts bedeuten. Von Ihnen wird generell erwartet, dass Sie sich für Ihren iranischen Geschäftspartner nicht nur genügend Zeit nehmen, sondern die auch mit ihm verbringen im Rahmen von Einladungen und gegenseitigen Besuchen.

Hier spielt das Prinzip der Reziprozität, des Gebens und Nehmens, eine entscheidende Rolle. Die Gastfreundschaft, die man Ihnen in Iran gewährt, ist niemals Selbstzweck oder ein Ausdruck altruistischer Gefühle. Sie ist eine Investition in die (gemeinsame) geschäftliche Zukunft, eine Investition, die später garantiert eingefordert wird. Hinzu kommt, dass Ihr Partner Sie gelegentlich um irgendeine Gefälligkeit oder Hilfe (im weitesten Sinne) bitten wird, die Sie grundsätzlich nie abschlagen sollten. Dabei geht es in den meisten Fällen in erster Linie um Ihre grundsätzliche Hilfsbereitschaft (wie Sie mit diesem Problem elegant umgehen können, ohne das Gesicht zu verlieren, ist in dem Kapitel Gastlichkeit ab Seite 159 beschrieben).

Es gibt eine Reihe von Themen, die Sie beim Small Talk und natürlich auch bei späteren Gelegenheiten unbedingt vermeiden sollten:

Tabuthemen
- Islam
- Menschenrechte und Scharia in Iran
- Amt des religiösen Führers
- Frauen
- Palästina und Israel
- Drogenprobleme und AIDS in Iran
- Prostitution
- Verschwörungstheorien
- Witze über Mullahs

Es ist völlig unerheblich, wie Ihr Gesprächspartner über diese Dinge denkt oder ob er sie von sich aus anspricht. In Iran grassieren übrigens Hunderte von Witzen über Mullahs oder den Staatspräsidenten Ahmadinejad. Witze haben eine Ventilfunktion, so wie in Deutschland zum Beispiel der Karneval.

Für Sie als Außenstehenden aber sind sie absolut tabu und für Ihr geschäftliches Engagement letztendlich auch irrelevant. Iraner sprechen nie über persönliche Dinge (Familie, Eheprobleme, finanzielle Dinge) in Gegenwart von Personen, die nicht zur Familie gehören, weil sie sich damit (ihrem Verständnis nach) angreifbar machen. Das sollten auch Sie nicht tun.

Die wichtigsten Merkmale für das erste Treffen sind hier noch einmal kurz zusammengefasst:

Die erste Begegnung

Deutschland	Iran
kurze Begrüßung, Small Talk	ausgiebiges Gespräch
Sache wichtiger als Person	Person wichtiger als Sache
abschlussorientiert	prozessorientiert
stärker methodisch vorgehend	stärker intuitiv vorgehend
Zeit ist Geld	großzügiger Umgang mit Zeit

«Unsere Augen mögen leuchten»

Begrüßungssituationen sind immer kritische Momente, weil oft Bruchteile von Sekunden über Sympathie oder Antipathie entscheiden. Das gilt generell auch in Iran.

Das kommunikative Verhalten von Iranern ist wesentlich strenger formalisiert und ritualisiert als das im deutschsprachigen Raum. In Deutschland, Österreich und der Schweiz begrüßen sich zwei Personen beiderlei Geschlechts meist mit einem kurzen, festen Händedruck und der korrekten Anrede. Umarmungen und Wangenküsse sind zwar üblich, allerdings eher auf privater Ebene.

In Iran treten sich Fremde und Bekannte dagegen mit einem Ausdruck von Zurückhaltung und Respekt gegenüber, wobei man sich leicht verneigt und die linke Hand auf die Brust legt. Auf geschäftlicher Ebene begrüßt man sich unter Männern häufig mit Handschlag und Blickkontakt, wobei ein fester Händedruck eher als unfein gilt.

Allerdings ist Händeschütteln grundsätzlich nicht üblich, besonders bei Begegnungen mit Frauen. Hier wartet der Mann besser ab, ob die Dame einem die Hand reicht, ansonsten genügt ein leichtes Kopfnicken. Nach islamischer Vorschrift ist das Berühren nur unter Angehörigen des gleichen Geschlechts (also nur unter Muslimen) oder zwischen engen Verwandten erlaubt. Fromme Schiiten meiden gar den Händedruck mit Nichtmuslimen aus Gründen ritueller Verunreinigung, nicht aus Unhöflichkeit. In einem solchen Fall begrüßt man sich mit einer leichten Verneigung des Kopfes. Der Koran schreibt ihnen darüber hinaus vor, direkten Augenkontakt mit Fremden zu meiden. Werten Sie das also nicht als Respektlosigkeit, Unsicherheit oder Desinteresse.

«Sage den gläubigen Männern, sie möchten ihre Blicke niederschlagen (…) Sage auch den gläubigen Frauen, sie möchten ihre Blicke niederschlagen, ihre Keuschheit bewahren und ihre Reize nicht enthüllen, bis auf das, was sichtbar ist.» (Koran, Sure 24, Verse 30/31)

Ich habe in Iran selbst häufig beobachten können, dass männliche Führungskräfte Frauen aus religiösen Gründen nicht per Handschlag begrüßten (obwohl Muslime) und diese Geste auch gegenüber weiblichen Führungskräften im Ausland praktizierten.

Auf Europäer wirkt ein solches Verhalten in der Regel befremdend, außerdem belastet es das Geschäftsklima. Ungeachtet ihrer religiösen Einstellung sind Iraner jedoch flexibel genug, um sich den Gepflogenheiten ihrer Gäste oder Gastgeber anzupassen, wenn es ihnen opportun erscheint.

Distanzzonen werden in Iran anders respektiert als in Mitteleuropa. Bei der ersten Begrüßung ist ein zu enger Körperkontakt (weniger als ein Meter Distanz) unter Männern unerwünscht. Das ändert sich, wenn man einmal Freundschaft (unter Männern) geschlossen hat. Ausgenommen davon ist die Beziehung zu Frauen (!). Freunde oder enge Verwandte beiderlei Geschlechts begrüßen sich üblicherweise durch Umarmung und Wangenküsse.

Als Zeichen besonderer Freundschaft, auch unter Männern, gilt das dreimalige Küssen der Wangen. Bei sehr hoch gestellten Persönlichkeiten (beim Revolutionsführer oder anderen ranghohen Ayatollahs) ist auch heute noch eine Form der Proskynese (meist als Handkuss) als Zeichen der Anerkennung und Unterwürfigkeit üblich.

Begrüßungen werden in Iran regelrecht zelebriert. Sie finden, anders als im sachorientierten Deutschland, in Form einer ausführlichen Konversation (beziehungsorientiert) statt, bei der ein umfangreicher Katalog an Höflichkeitsformeln zum Einsatz kommt. Es ist eine Art Automatismus, ein Austausch von Höflichkeitsfloskeln, der bei der Nennung der ersten Höflichkeitsformel abläuft und von Ausländern kaum zu verstehen ist. Dieses persische Höflichkeitsritual stammt noch aus vorislamischer Zeit und orientiert sich am Hofzeremoniell der persischen Großkönige.

«Wenn ihr mit einem Gruß bedacht werdet, so grüßt mit einem noch schönern oder erwidert ihn.» (Koran, Sure 4, Vers 88)

Der in Iran übliche Willkommensgruß ist das arabische *Salam Aleikum* (Friede sei über Euch), was ursprünglich eine rein sakrale Bedeutung hatte, weil es nur gegenüber Muslimen angewandt wurde. Von Iranern wird es meist ganz pragmatisch auf ein schlichtes *Salam* (Friede) verkürzt. Im Prinzip kann man jedoch beide Formen benutzen.

Das Spektrum der persischen Höflichkeitsformeln beginnt nach dem obligatorischen Gruß immer mit der Frage nach der Gesundheit des Gegenübers: *Hal-e Shoma khub hastid?* Darauf folgt die Dankesformel auf Arabisch: *Al-hamd-o-lillah* (Gott sei gelobt), oder auf Persisch *Khoda shokr-e,* (Gott sei Dank). Es gehört zum Grußritual, sich nach dem Befinden der Familienmitglieder zu erkundigen, obwohl diese nicht anwesend sind. Anschließend wird in gegenseitigen Komplimenten geschwelgt:
- «Geben Sie uns gütigst die Ehre, mit Ihren gesegneten Schritten einzutreten.»
- «Wir haben uns voller Leidenschaft gewünscht, Sie zu sehen.»
- «Unsere Herzen bekommen durch Ihre Anwesenheit Luft.»

Was der Name verrät

Die Geschäftssprache in Iran ist neben Persisch vorwiegend Englisch. Französisch wird dagegen relativ selten und meist von älteren Iranern gesprochen, die häufig auch in Frankreich studiert haben.

Die persische Sprache kennt keine strikte Trennung zwischen dem deutschen «Sie» *(Shoma)* und dem «Du» *(To)* und wechselt im Gesprächsverlauf zwischen beiden Formen, abhängig vom Bedeutungsgehalt der Aussage. Die Anrede mit «Sie» signalisiert Distanz, Achtung oder Strenge und ist auch im familiären Rahmen üblich, so zwischen Eheleuten oder zwischen Eltern und Kindern. Wollen Eltern ihre Kinder zurechtweisen oder ermahnen, wechseln sie häufig vom «Du» zum «Sie». Respektpersonen wie Großeltern werden grundsätzlich immer mit «Sie» angesprochen. Iranische Kinder lernen bereits zu einem sehr frühen Zeitpunkt den Gebrauch entsprechender Höflichkeitsregeln.

Die förmliche Anrede für Männer ist *Agha* (Herr) oder mit der Beifügung *Khan,* zum Beispiel *Agha-je Tehrani* (Herr Tehrani), *Agha Hussein* (nur als Vorname, Herr Hussein) oder *Hussein-Khan.* Bei

Frauen ist die korrekte Anrede *Khanum* (Frau), allein oder mit dem Familiennamen. Wenn Sie mit Ihren iranischen Geschäftspartnern auf Englisch kommunizieren, erwartet niemand von Ihnen, dass Sie diese persischen Anredetermini gebrauchen. Es ist lediglich eine Form von besonderer Höflichkeit und schmeichelt den Angesprochenen.

Iranische Frauen behalten nach der Eheschließung offiziell ihren Geburtsnamen bei, werden aber mit dem Nachnamen des Ehegatten angesprochen. Bei Männern gilt die Anrede mit Vornamen + *Agha* oder *Khan* als besonders höfliche Anredeform, bei Frauen Vorname + *Khanum*.

Ausgesprochen konservative Iraner beiderlei Geschlechts, die an der Pilgerfahrt *(Hadj)* nach Mekka (Saudi-Arabien) teilgenommen haben, erhalten den Ehrentitel *Hadji,* mit dem sie angesprochen werden. Nach der Wallfahrt nach *Mashad* (Ostiran) zum Grab des siebten Imam Reza erwirbt der Gläubige den Titel *Mashdi*. Die Bezeichnung *Seyyid* gilt nur für Personen, die ihre Abstammung auf den Propheten Muhammed zurückführen können, allerdings wird dieser Titel in Iran häufig auch unrechtmäßig gebraucht, weil er für den Träger eine Reihe von staatlichen Vergünstigungen bereithält. Das Erscheinungsbild von *Seyyids* in der Öffentlichkeit ist ein schwarzer Turban und ein grüner Schal um den Gürtel gebunden.

Personen- und Familiennamen signalisieren ein:
- Nationalbewusstsein
- Religiöse Überzeugung
- Regionale Herkunft

Iranische Vornamen werden entweder nach altiranischen Überlieferungen (Heldenfiguren des Shahnameh) für Männer und für Frauen nach Gestirnen und Himmelskörpern oder nach arabischen Eigennamen ausgewählt. Die häufigsten altiranischen Vornamen für Männer sind *Arash, Ardeshir, Kourosh, Dariush, Bahman* und *Kambiz*.

Islamische Vornamen sollen dem neugeborenen Namensträger Schutz und Segen verleihen, wie Muhammed und dessen Zuschreibungen *Ahmad* (der Hochgepriesene) oder *Amin* (der Treue). Arabische Namen von Männern, die auf Verbindungen mit dem Namen Gottes *(Allah)* aus dem Koran zurückgehen, sind *Feizollah* (Gnade Gottes), *Habibollah* (Freund Gottes), *Abdallah* (Sklave Gottes) sowie *Ali, Hassan, Hussein* und *Reza* bei Schiiten. Zu den beliebtesten islamischen Frauennamen gehören *Fatemeh, Zahra* und *Sakineh,* um nur einige wenige zu nennen.

Die Wahl eines islamischen Vornamens lässt in der Regel auf einen orthodox-religiösen familiären Hintergrund schließen.

Niemand erwartet von Ihnen die Kenntnis der korrekten Aussprache oder Schreibweise eines Namens. Sie können daher unbesorgt nachfragen, zumal sich daraus meist ein guter Einstieg in einen Small Talk ergibt und Sie bei dieser Gelegenheit interessante Informationen über den privaten und beruflichen Hintergrund Ihres Geschäftspartners in spe erhalten. Diese Art des Brückenbauens trägt schließlich zu einer Festigung der Beziehungsebene bei.

Präsentation Ihres Unternehmens

Ein positiver erster Eindruck ist das A und O für einen erfolgreichen Geschäftseinstieg. Das verlangt natürlich eine optimale Vorbereitung, denn nichts ist schlimmer als das Eingeständnis, etwas übersehen zu haben. Gerade Deutsche sind in Iran wegen ihres Perfektionismus und ihrer Zuverlässigkeit bekannt, und genau das wird von Ihnen erwartet.

Wollen Sie Ihr Unternehmen erfolgreich präsentieren, sollten Sie professionell hergestellte Firmenkataloge und Prospekte vorlegen können. Schlecht gemachtes Material erweckt den Eindruck von Respektlosigkeit gegenüber dem iranischen Geschäftspartner und weckt Zweifel an Ihrer Seriosität. Es sollte selbstverständlich sein, Informationsmaterial zumindest in englischer Sprache vorzulegen, besser wäre natürlich eine persischsprachige oder zweisprachige Version. Im Zeitalter des Internets wird von Ihrem Unternehmen ein Internetauftritt erwartet. Das gehört einfach zum guten Ton.

«Tue Gutes und rede darüber», dieser alte Marketingspruch gilt selbstredend auch in Iran. Sie sollten daher die Bedeutung Ihres Unternehmens auf dem nationalen und internationalen Markt hervorheben, Referenzprojekte nennen und zeigen können, am besten mit Bildmaterial, auf Kooperationspartner verweisen, wichtige Mitgliedschaften (Unternehmerverbände, IHK) aufzählen und dergleichen. Da Iraner sehr traditionsverbunden sind, sollten Sie Ihre Firmengeschichte ruhig etwas ausführlicher darstellen, weil man nichts mehr liebt als Kontinuität in den Geschäftsbeziehungen. In diesem Zusammenhang sollte eine Bildergalerie, beginnend vom Firmengründer bis zur aktuellen Geschäftsführung, nicht fehlen, weil Sie damit auf der Beziehungsebene operieren können. Hinzu kommt, dass die meisten iranischen Unternehmen patriarchalisch strukturiert sind und Sie diesen Umstand psychologisch geschickt nutzen können.

Neben dem gedruckten Material empfehle ich Ihnen die Anfertigung einer (kleinen) Firmen- und Produktpräsentation, die sich auf einem PC abspielen lässt. Damit können Sie das Informationsmaterial Ihrem iranischen Geschäftspartner auch in elektronischer Form als CD überlassen. Planen Sie dagegen eine aufwendige (zeitintensive) Firmenpräsentation, ist es besser, vorher nachzufragen, ob Sie Ihren eigenen Beamer mitbringen sollen oder ob in Iran ein Gerät zur Verfügung steht.

Aus Gründen des Gesicht-Wahrens (bezogen auf das iranische Unternehmen) fragen Sie bitte in dieser Reihenfolge und nicht umgekehrt. Meinen Erfahrungen zufolge verfügen allerdings die wenigsten iranischen Firmen über einen eigenen Beamer. In der Regel wird man Ihnen mitteilen, ein eigenes Gerät sei nicht erforderlich. Darauf kann man sich jedoch nicht wirklich verlassen. Selbstverständlich steht es Ihnen frei, gleich Ihren Beamer mitzunehmen, dann erübrigt sich das Nachfragen.

Es ist ferner wichtig, Gebrauchsmuster bei der Präsentation vorzulegen, damit das Produkt an Ort und Stelle in Augenschein genommen werden kann. Auf keinen Fall sollten Sie bei der ersten Firmenpräsentation über Verträge sprechen oder bereits fertiges Vertragsmaterial vorlegen. Damit erwecken Sie den Eindruck, Sie seien weniger an einer dauerhaften Geschäftsbeziehung interessiert als vielmehr an einem schnellen Geschäftsabschluss. Unterstreichen Sie stattdessen Ihr Interesse an einer langfristigen Kooperation mit dem Hinweis auf den gemeinsamen Nutzen für die Unternehmen. Detailfragen werden grundsätzlich erst in Folgetreffen besprochen.

Zum Schluss noch ein Hinweis zu Visitenkarten. Es versteht sich von selbst, dass Sie ausreichend Visitenkarten bei sich führen. Der Gebrauch von Titeln ist in Iran aus Prestigegründen besonders stark ausgeprägt. Auf Ihrer Visitenkarte sollten daher Titel und Position entsprechend hervorgehoben werden. Falsche Bescheidenheit wäre hier falsch. Die Visitenkarten werden nach der ersten Begrüßung mit der rechten Hand ausgetauscht, die linke gilt traditionsgemäß als unrein. Aus Gründen des Respekts sollten Sie die Karte vor dem Einstecken lesen. Machen Sie bitte keine Notizen darauf in Gegenwart Ihres Gesprächspartners.

Networking

In der stark beziehungsorientierten iranischen Gesellschaft werden Geschäfte fast ausschließlich im Rahmen gut funktionierender Netzwerke getätigt, die über Generationen gewachsen sind. Dies gilt gleichermaßen für die großen staatlichen Unternehmen, die nach der Revolution gegründet wurden, wie für die kleineren privatwirtschaftlichen Betriebe. Ob erfolgreicher Geschäftsabschluss oder gesellschaftlicher Aufstieg (berufliche Karriere), alles hängt im Wesentlichen von der Zugehörigkeit zu diesen Netzwerken ab und weniger von der persönlichen Qualifikation.

Der Aufbau von Netzwerken ist für Außenstehende oft ein mühsamer und langwieriger Prozess, vor allem wenn keine Kontakte in Iran zur Verfügung stehen, auf die man zurückgreifen kann.

Möglichkeiten einer ersten Kontaktaufnahme:
- Organisation als Vermittler
- Teilnahme an Handelsdelegationen
- Messen
- Kontakte über Deutsch-Iranische Handelskammer e.V. (http://www.dihkev.de)
- Deutsche Außenhandelskammern (www.ahk.de)
- Veranstaltungen wie Tag der deutschen Industrie
- Vermittlung durch eine Persönlichkeit vor Ort
- Unternehmerverbände

Wichtig für Ihr Engagement ist, dass Sie Präsenz vor Ort zeigen. Das können Sie tun, indem Sie in der Hauptstadt Teheran ein größeres Büro einrichten und Ihren Senior Manager regelmäßig im Turnus von zwei bis drei Wochen dorthin schicken, um den Aufbau des Geschäfts vor Ort zu beaufsichtigen. Sich nur auf den iranischen Mitarbeiter zu verlassen ist erfahrungsgemäß wenig erfolgreich. Sie müssen viel Zeit und häufig auch Geld investieren, ohne zu wissen, wann der erste Vertrag abgeschlossen werden kann. Diese Strategie lässt sich von einem großen und finanzstarken Unternehmen leichter verfolgen als von einem kleinen oder mittelständischen Betrieb.

Deshalb ist es für kleinere Unternehmen vorteilhafter, eine Niederlassung in einer der Freihandelszonen zu gründen. Durch die Anmeldung eines Gewerbes in Iran geben Sie außerdem zu erkennen, dass Sie ernsthaft und dauerhaft im Land Geschäfte betreiben wollen.

Wenn das Geschäft sich entwickelt, eröffnen Sie eine Repräsentanz in der Hauptstadt. Eine ständige Vertretung ermöglicht einen besseren Marktauftritt und engeren Kontakt zum Kunden. Die rechtlichen Bestimmungen der Freihandelszonen erlauben ferner, dass jedes dort registrierte Unternehmen auf dem Festland Repräsentanzen errichten darf. Solange Sie nur Marketing betreiben oder Kontakte zu iranischen Kunden aufbauen, werden Sie nicht besteuert.

Sobald die Nachfrage nach Ihren Produkten sich stabilisiert hat, richten Sie am besten ein Lager in einer Free Trade Zone ein. Das hat den Vorteil, dass die gestiegene Nachfrage schneller bedient werden kann. Weil viele iranische Unternehmen oft in letzter Minute ordern, haben Sie damit einen weiteren Wettbewerbsvorteil.

Je nach Auftragslage empfiehlt sich die Montage oder Produktion vor Ort in einer der Freihandelszonen. Die Vorteile sind geringerer Kapitaleinsatz, geringere Transportkosten und eine Steuerbefreiung für 15 Jahre auf Umsatz und Vermögen. Weitere Vorteile sind geringere Arbeits- und Produktionskosten, billigere Rohstoffe, die zudem ständig verfügbar sind. Außerdem zahlen Sie keine Importzölle beim Absatz auf dem Festland. Durch die Einrichtung einer Reparaturwerkstatt oder eines Ersatzteillagers können Sie einen besseren After-Sales-Service anbieten.

Einen After-Sales-Service anzubieten ist für Geschäfte in Iran unabdingbar. Diese Dienstleistung wird von iranischen Kunden als selbstverständlich angesehen und vom Lieferanten erwartet. Das Eingehen auf Kundenwünsche im Sinne einer Kundenbindung schafft häufig die Vertrauensbasis für eine dauerhafte Geschäftsbeziehung. Daneben sind Schulungen und technische Beratung für einen langfristigen Erfolg eine wichtige Voraussetzung. Angebote dieser Art werden vom iranischen Abnehmer auch entsprechend honoriert.

Weitere Vorteile für Ihr Unternehmen kann die Zusammenarbeit mit einem lokalen iranischen Agenten bringen, der in der Regel ein Büro in Teheran hat und die Produkte seines Auftraggebers auf der Basis einer Provision verkauft. Wenn Ihr Unternehmen jedoch in einer Freihandelszone registriert ist, lassen sich durch die Ernennung eines Repräsentanten zusätzliche Vorteile erzielen. Dann sind Sie von dem lokalen Agenten weniger abhängig und können Ihr Geschäft selbst aufbauen. Außerdem können Sie Ihr Geld direkt vom Kunden eintreiben. Das spart Zeit und Kosten, weil der Kunde nicht erst an den Agenten zahlen muss und dieser anschließend an Sie.

Besser konservativ: Dresscode

In Iran hat sich in den vergangenen zwanzig Jahren ein grundlegender gesellschaftlicher Wandel vollzogen. Das Bild, das uns die Medien jahrzehntelang über die iranische Öffentlichkeit vermittelten, zeigte in schwarze Tschadors verhüllte Frauen und bärtige Männer, die fanatisch durch die Straßen zogen und Amerika den Tod wünschten. Diese Zeiten sind längst vorbei. Die stereotypen Bilder von damals sind in unseren Köpfen geblieben. Heute unterscheidet sich das Straßenbild iranischer Städte kaum noch von dem in anderen Teilen der Welt.

Treffend schreibt Walter M. Weiss: «Eine große schwarze Sonnenbrille und viel Make-up, ein kleines transparentes Kopftuch in fröhlicher Farbe, das kaum die Hälfte ihrer blond gefärbten Haare bedeckt, kurze Jeans und eng sitzender Mantel, der kaum bis zur Hüfte reicht und die Wölbungen des Körpers besonders betont: So sehen heutzutage Tausende Frauen in Teheran und anderen iranischen Großstädten aus.»[44]

Im Umgang mit Iranern ist man über den neuen Pragmatismus erstaunt, der sich vielerorts zeigt. Nichtsdestotrotz spielen Statusdenken, Prestige und das Aussehen weiterhin eine herausragende, wenn nicht gar eine dominierende Rolle. Selbst wenn man bei einfachen Leuten zu Gast ist, wird immer versucht, das Beste aufzutischen, um den bestmöglichen Eindruck zu hinterlassen.

Vor allem das äußere Erscheinungsbild einer Person ist in den letzten Jahren immer wichtiger geworden. Das gilt natürlich auch im Geschäftsleben. Der revolutionäre Schlabberlook ist selbst in Staatsunternehmen passé. Iranische Führungskräfte tragen weiterhin zwar keine Krawatte, weil sie als Symbol westlicher Dekadenz verpönt ist, dafür jedoch teure Maßanzüge und ebenso die teuren kragenlosen Hemden *(Yaghe akhundi)*. Die Schuhmode ist italienisch, made in Iran. Von Revolutionsführer Ayatollah Khamenei ist bekannt, dass er seine Seidenhemden aus Paris bezieht.

Bei geschäftlichen und privaten Anlässen sollten Sie in einem dunklen Anzug erscheinen, wobei es völlig unerheblich ist, ob Sie dazu eine Krawatte tragen oder nicht. Ein Anzug signalisiert den nötigen Respekt gegenüber dem iranischen Geschäftspartner. Allerdings sind kurzärmelige oder offene Hemden verpönt. Wichtig sind in diesem Zusammenhang auch teure Accessoires wie Armbanduhr, Schreibutensilien, Handy und Notebook oder iPod. Für die technikversessenen Iraner sind dies immens wichtige Prestigeobjekte.

Bei privaten Anlässen, wenn Sie nicht gerade bei sehr engen Freunden eingeladen sind, empfiehlt sich immer die konservative Kleidervariante, zumal gerade iranische Frauen in Gesellschaft ausnahmslos elegant auftreten. Der bei uns eher übliche Casual Look bei Freunden sollte nur ungezwungenen Anlässen wie Ausflügen oder Picknicks vorbehalten bleiben. Ganz gleich, bei welchen Temperaturen Ihre geschäftliche Verabredung stattfindet, Sie sollten das Jackett anbehalten. Meist wird Ihr Gastgeber Sie bitten, das Jackett abzulegen, weil er es dann ebenfalls kann. In der Regel verfügen die meisten Büros ohnehin über eine Klimaanlage.

Für Frauen ist der islamische Dresscode bindend, und zwar unabhängig von der Nationalität. Grundsätzlich gilt, dass Frauen bei der Ankunft und während ihres gesamten Aufenthaltes in Iran in der Öffentlichkeit ein Kopftuch und einen langen Mantel tragen müssen. Meist werden Sie bereits im Flugzeug darüber informiert. Die Füße müssen ebenfalls bedeckt sein, und auffälliges Make-up ist zu vermeiden. Bei der Wahl des Farbtons empfiehlt sich ein dunkler Ton, grelle Farben sind offiziell verpönt, auch wenn Iranerinnen dem in der Öffentlichkeit wenig Respekt zollen.

Was für Iranerinnen gilt, können Sie für sich nicht in Anspruch nehmen, zumindest nicht im öffentlichen Raum. Der Mantel wird bei geschäftlichen Terminen grundsätzlich anbehalten, ebenso das obligatorische Kopftuch. Anstelle eines Kostüms tragen Sie besser einen dunklen Hosenanzug unter dem Mantel. Wenn Ausländerinnen diese Regeln beachten, können sie erwarten, respektvoll behandelt zu werden.

Anders dagegen bei privaten Einladungen. Es empfiehlt sich die konservative Kleidervariante, wenn Sie vorher nicht in Erfahrung bringen können, ob Ihre Gastgeber sehr traditionsbewusst sind oder eher modern. Sind Sie bei religiös orientierten Iranern zu Gast, das können Sie spätestens nach der Begrüßung erkennen, behalten Sie besser Mantel und Kopftuch an. Sind die Frauen jedoch überwiegend modisch gekleidet, können Sie Mantel und Kopftuch ablegen. Besser, Sie fragen vorher die Gastgeber.

Alkohol ist offiziell verboten, wird Gästen dennoch häufig aus Gründen der Gastlichkeit angeboten. Ich empfehle Ihnen jedoch, in Iran grundsätzlich auf den Konsum von Alkohol zu verzichten. Zum einen, weil es für Ausländer sehr riskant ist, in der Öffentlichkeit mit einer Alkoholfahne erwischt zu werden. Sie wissen nie, ob Sie auf der Heimfahrt in eine Straßenkontrolle geraten. Zum anderen, weil man bei Selbstgebranntem nie sicher sein kann. Wenn Sie eine gute Ausrede brauchen, die Ihren Verzicht begründen soll, sagen Sie einfach, es seien die chronischen Magenprobleme. Das gilt auch für Speisen, die Sie – aus welchen Gründen auch immer – einfach nicht mögen.

6. «Bei Allah, dieser Preis gilt nur für dich» – richtig verhandeln

«Willkommen, mein Bruder, ich habe dich lange nicht gesehen.»
«Ach, Bruder. Ich lebe weit von hier im Süden.»
«Im Süden? Dort habe ich Freunde unter den …»
«Auch ich kenne einige aus dieser Familie.»
«Mein Laden ist deiner. Befehle mir.»
«Du bist der Herr. Ich möchte einen Anzug kaufen. Wie viel macht dieser hier ungefähr?»
«Zwischen uns, mein Bruder, herrscht Einigkeit. Mich interessiert nicht der Profit, sondern nur, was dich erfreut. Brüder debattieren nicht über Preise. Für dich kostet er nichts, ist ein Geschenk.»
«Ahmed hat mir deinen Laden besonders empfohlen.»
«Ah, Ahmed! Er ist dein Freund? Für dich macht der Anzug vierzig Dinar.»
«Bruder, hast du keine Furcht vor Gott?»
«Viele Reiche kommen aus dem Süden, kaufen meine Anzüge und kommen wieder. Bei Allah, dieser Preis gilt nur für dich …»
«Vierunddreißig.»
«Nimm ihn für siebenunddreißig.»
«Fünfunddreißig.»
«Einverstanden. Ich gebe ihn dir, weil du es bist. Allah wird mich für den Verlust entschädigen.»[45]

So oder ähnlich wird heute noch in vielen Basaren des Mittleren Ostens verhandelt, und nicht nur dort. Vom Basar ins vollklimatisierte Arbeitszimmer eines iranischen Geschäftsmannes ist es nicht allzu weit. Der Taschenrechner hat vielerorts den traditionellen Abakus abgelöst, allerdings ist Letzterer hier und da immer noch im Einsatz. Das Handy ermöglicht die direkte Kommunikation über große Entfernungen hinweg. Die elektronischen Medien tun ein Übriges. Das sind Neuerungen, gewiss. Nur, die Wirtschaftskultur hat sich nicht geändert. Der Kommunikationsstil ist der gleiche geblieben.

Der Basar ist die Keimzelle und der Lebensnerv der orientalischen Wirtschaft. Es gibt keine Stadt in Iran ohne den traditionellen Basar, obwohl auch er seit einigen Jahren einem Strukturwandel unterworfen ist. Seit Jahrhunderten bilden Basaris und der islamische Klerus eine verschworene Interessengemeinschaft, einzigartig und stets in Opposition zu den jeweiligen Herrschern. In Iran hat diese Symbiose schließlich zur Revolution und zur Herausbildung der Islamischen Republik geführt. Deshalb ist die Stimmung im Basar stets auch ein Gradmesser für das politische Klima im Lande.

Verhandlungen mit Iranern sind nie ausschließlich sachbezogen, sondern, wie dargestellt wurde, immer beziehungsorientiert. Auch wenn man sich nicht oder nur wenig kennt, zuerst wird ein Kontext hergestellt, in den beide Verhandlungspartner eingebunden sind. Dann kann man zum Geschäftlichen übergehen. Die Art und Weise, wie jemand verhandelt, wie er eine Verhandlungssituation aufbaut, welche Argumente und wie er sie geschickt einsetzt, ist kulturell vorgegeben. Das geht über Jahrhunderte so, die Jungen lernen von den Alten.

Erfolgreiches Verhandeln setzt voraus, dass Ihnen der soziokulturelle Kontext bekannt ist.

Unterschiedliche Ziele

Wenn Sie mit iranischen Geschäftspartnern in Verhandlungen treten, sind zwei Unterscheidungen wichtig: Privatunternehmen oder staatliches Unternehmen?

Diese Unterscheidung ist insofern bedeutsam, weil sie den Verlauf der jeweiligen Verhandlung beeinflusst, wenn nicht gar bestimmt. Das Ziel von Verhandlungen (aus iranischer Sicht) ist bei einem Privatunternehmer anders als das eines Managers in einem Staatsbetrieb oder einer *Bonyad*.

Ein Privatunternehmer will zunächst eine vertrauensvolle Partnerschaft aufbauen. Er ist an einer langfristigen und gewinnbringenden Kooperation auf einer persönlichen Ebene interessiert. Das bedeutet für Sie, dass Sie leichter in ein Beziehungsnetzwerk integriert werden können. Für ihn gilt das Prinzip der Gegenseitigkeit, er hat in der Regel keine politischen Motive. Politik interessiert ihn nur insofern, wie sie seinen unternehmerischen Handlungsspielraum tangiert. Sein Interesse gilt primär dem eigenen Unternehmen.

Für den Manager eines staatlichen Unternehmens ist es dagegen wichtig, das Geschäft optimal zu verhandeln und den größtmöglichen Nutzen für das Unternehmen zu erzielen. Alles andere ist zweitrangig. Eine persönliche Beziehung lässt sich eher selten aufbauen, das Geschäftliche ist sehr stark ideologisch unterfüttert. Deshalb werden Sie wahrscheinlich auch nie Teil eines Beziehungsnetzwerkes sein. Sie haben es hier mit einem extrem konservativen religiösen Milieu zu tun, mit einem ausgeprägten Schwarz-Weiß-Denken. Ein erfolgreicher Geschäftsabschluss bedeutet für Manager dieses Typs in erster Linie Prestigegewinn und Erfolg auf der Karriereleiter. Die Motive sind vordergründig politisch, der berufliche Werdegang ist eng verknüpft mit dem Revolutionsgeschehen (siehe hierzu Kapitel 8 ab Seite 113).

Unterschiedliche Perspektiven

Bei der Vorbereitung von Verhandlungen sollte man immer zwei Dinge berücksichtigen: die Eigenperspektive, also das, was von meiner Firma aus bereits im Vorfeld getan oder nicht getan wurde. Und die Perspektive der anderen, also das, was wir über das iranische Unternehmen wissen beziehungsweise wissen können.

Aus der Eigenperspektive sollten folgende Fragen vorab beantwortet werden:
- Gab es bereits Verhandlungen?
- Wer war Verhandlungsführer?
- Welche Ergebnisse wurden vereinbart?
- Welche Unterlagen, Notizen, Protokolle?
- Wer waren die Teilnehmer auf beiden Seiten?
- Welche Problembereiche wurden angesprochen?
- Gibt es persönliche Bekanntschaften zu Mitgliedern der anderen Seite?

Aus der Perspektive der anderen ist wichtig zu wissen:
- Wer nimmt an den Verhandlungen teil?
- Wurden bereits Gespräche geführt?
- Haben sie positive Erfahrungen im Umgang mit Ausländern?
- Kennen wir einzelne Teilnehmer?
- Verhandeln wir mit den richtigen Personen, der richtigen Abteilung (Entscheidungsbefugnisse)?
- Wurden vielleicht bereits Gespräche mit der Konkurrenz (aus unserer Sicht) geführt?
- Wie ist das iranische Unternehmen (national/international) positioniert?

Ergänzend hierzu sollten Sie auch folgende Punkte abklären:
- Welche großen Kunden (national/international) hat das iranische Unternehmen?
- Fragen nach der Logistik
- Fragen nach den Lieferzeiten
- Sind Bankbürgschaften oder staatliche Bürgschaften (Hermes) erforderlich?

Verhandeln auf Augenhöhe

Iranische Geschäftsleute verhandeln gerne auf Augenhöhe. Wegen der autoritär-paternalistischen Entscheidungsstruktur in iranischen Unternehmen werden Sie in der Regel mit Entscheidungsträgern kommunizieren. Bei privaten Unternehmen ist es der Firmeninhaber, bei Staatsbetrieben ist es der CEO. Das bedeutet für Sie, dass Sie entsprechend hochrangige, zumindest aber autorisierte Führungskräfte entsenden. Ein Mitarbeiter, der bei kritischen Fragen erst Rücksprache mit der Muttergesellschaft führen muss, wird keinen Erfolg haben, weil er nicht respektiert wird. Einen solchen Fauxpas können Sie sich nicht leisten. Selbst bei Vorverhandlungen sollten Sie darauf achten. Bei sämtlichen Gesprächen empfiehlt sich darüber hinaus, als Verhandlungsdelegation aufzutreten, wobei der Älteste (Senioritätsprinzip) die Gespräche führen sollte.

Keine vorbereiteten Vertragsunterlagen

Verträge sind das Ergebnis von Verhandlungen. Diese Verhandlungen müssen Sie erst führen, und das kann sehr langwierig und ermüdend sein. Einen schnellen Vertragsabschluss zu erwarten ist reine Illusion. Sie können unter keinen Umständen fertig formulierte Vertragsunterlagen, etwa Standardverträge, vorlegen. Ihr Gesprächspartner wird sie mit keinem Blick würdigen. Wenn Sie mit einem Vertreter aus einem Staatsbetrieb verhandeln, wird er ohnehin weitere Entscheidungsträger (auch aus dem Klerus) zu Rate ziehen. Mit einem geduldigen Vorgehen und der Bereitschaft, auf die Erwartungshaltung Ihres Gegenübers flexibel zu reagieren, erreichen Sie mehr. Bei festgefahrenen Verhandlungen ist es oft hilfreich, das Thema zu wechseln und einen neuen Verhandlungstermin anzusetzen.

7. Höflichkeiten und Komplimente

Die persische Sprache ist nicht nur reich an blumigen Ausdrücken, sondern auch an Gesten und sprachlichen Mustern der Unterwerfung und Selbstopferung. Sie ist das Schmiermittel der Kommunikation. Friedrich Rosen schreibt: «In den Umgangsformen ist der Perser zumeist von großer Feinheit und Höflichkeit. (…) Von der ersten Jugend an wird das persische Kind zur Beobachtung guter Lebensformen und persönlicher Würde angehalten.»[46]

Perser sind in der Tat ausgesprochen höfliche Menschen. Sie sagen allerdings nie, außer vielleicht im privaten Kreis, was sie wirklich denken. Und selbst dann kann man noch nicht sicher sein. Über persönliche Befindlichkeiten, Schwächen oder Stärken, Vorlieben und dergleichen spricht man nicht, weil man sich damit angreifbar machen würde. Hier kommt das ausgeprägte Misstrauen zum Vorschein, schließlich ist es denkbar, dass jemand, dem man irgendwann einmal vertrauliche Informationen gegeben hat, diese eines Tages gegen einen selbst verwenden könnte. Das wäre ein herber Gesichtsverlust.

Von Kindheit an zur Höflichkeit erzogen, will man niemanden vor den Kopf stoßen, ihn gar verletzen oder beleidigen. Zu diesem Zweck hält die persische Sprache ein ausgefeiltes Instrumentarium an kommunikativen Mustern bereit, auf das ich weiter unten noch genauer eingehe.

«Besser zu einem guten Zweck eine Lüge,
Als Wahrheit, die üble Früchte trüge.»
(Scheich Saadi, 1258 n. Chr.)

Ihr Verhältnis zur Wahrheit ist ambivalent. Von dem griechischen Historiker Herodot (5. Jahrhundert v. Chr.) wird berichtet, dass bei den alten Persern das Wahrheitsideal besonders hochgehalten wurde, wobei die Erziehung zur Wahrheitsliebe Vorrang hatte. Damals mussten die Perser auch noch nicht die Erfahrung jahrhundertewährender Fremdherrschaft machen. Unter dem Islam wurde von schiitischen Gelehrten die Lehre vom «Erlaubtsein des bewußten Verschweigens des eigenen Bekenntnisses», das *Taqiyeh* oder *Ketman,* entwickelt, wie Werner Ende berichtet.

Ketman diente dem Schutz der eigenen Persönlichkeit in einer feindlichen Umwelt und ist im Bewusstsein von Iranern tief verankert. Täuschung zum Selbstschutz. Wegen der «geringen Bewertung der Wahrheit und überhaupt des Tatsächlichen... (hat) die Lüge auch nichts Schimpfliches», schreibt Friedrich Rosen.

Es ist auch eigentlich unmöglich, ihre ehrliche Meinung zu einem bestimmten Sachverhalt, Ereignis oder Thema zu bekommen. Es sei denn, es handelt sich um aktuelle Themen, die die Nation betreffen, wie den Atomstreit oder die Situation in Irak. Man meidet die Festlegung, weil sie sich im Nachhinein als falsch herausstellen könnte. Was falsch war, fällt auf denjenigen zurück, der die Feststellung getroffen hat, und stellt ihn in ein schlechtes Licht. Es stellt seine Kompetenz in Frage und führt zu einem empfindlichen Gesichtsverlust. Deshalb bleiben die meisten Äußerungen auch vage, unbestimmt.

Wer keine verbindlichen Aussagen macht, muss auch keine Verantwortung für etwas übernehmen. *Inschallah,* so Gott will, mehr als eine bloße arabische Vorbehaltsklausel. Es ist der Rückgriff auf eine numinose Macht und zugleich die Übertragung von Verantwortung auf sie. Damit entzieht man sich der eigenen Verantwortung für etwas, das sich nicht beeinflussen lässt. Man entzieht sich allerdings auch jeglicher Kritik, auch eigener.

Das Leben hält für den Einzelnen zu viele Unwägbarkeiten bereit, gegen die man sich schützen muss. Im Persischen gibt es eine Vielzahl von Abwehrmechanismen und Amulette zum Beispiel gegen den allgegenwärtigen Bösen Blick *(cheshmeh bad)* oder andere böse Mächte. Das ist vorislamisches, zoroastrisches Erbe. Viele Iraner scheuen davor zurück, etwas oder jemanden zu loben oder dem Glück zuzuschreiben. Nachfragen nach dem Stand der Dinge oder zum Beispiel eines Projekts werden häufig mit «Nicht schlecht» oder «Ich arbeite daran» beantwortet. Etwas zu rühmen oder damit zu prahlen gilt als unschicklich und womöglich gefährlich. Dahinter steckt die Angst, eine eifersüchtige Person könnte versehentlich den Bösen Blick auf den Erfolgreichen lenken, Neid und Bosheit könnten sich einschleichen und den Erfolg zu Fall bringen. Werden dennoch einmal positive Aussagen getroffen, werden sie häufig durch Formeln wie *Mashallah* (Was Gott will) oder *Al-hamdu-lillah* (Lob sei Gott) abgesichert.

Der persische Kommunikationsstil ist indirekt und, im Gegensatz zum expressiven Stil in den arabischen Ländern, eher verhalten. Lautes Sprechen oder Heben der Stimme gilt als unfein, ungebildet, unerzogen *(bi tarbiyat)* und ist nur in Ausnahmefällen erlaubt. Wer die Sprache laut vorträgt, gilt als unbeherrscht, erweckt Misstrauen und wirkt unglaubwürdig. Er verstößt gegen das Streben nach einer harmonischen Beziehung. Mit solchen Personen kann man keine Geschäfte tätigen. «Es gilt für unhöflich, eine Frage mit einfachem Nein *(ne)* zu beantworten. Stattdessen sagt man: *kheir* (zum Guten). Wird man gefragt, beispielsweise im Basar, was man wünscht, so ist es nicht höflich, ‹Nichts› zu antworten. Man sagt stattdessen: ‹Ihr Wohlergehen.›»[47]

In den seltensten Fällen erhält man auf eine (An)frage ein klares Nein. Antworten sind diplomatisch, häufig auch unbestimmt. Man will den Gesprächspartner nicht mit einer direkten Antwort vor den Kopf stoßen, sondern sich alle Optionen offenhalten. Kommunikation ist immer beziehungsorientiert und stark kontextbezogen. Anders dagegen in Deutschland, wo man im Geschäftsleben meist sachorientiert kommuniziert. Das persische Kommunikationsverhalten kann man, wie die Engländer sagen, als «to beat around the bush», als um den heißen Brei herumreden, treffend charakterisieren. Ein «Ja» bedeutet immer ein «Vielleicht», oder ein «Warum nicht?» Soll eine Sache nicht weiter verfolgt werden, lässt man sie einfach auslaufen oder reagiert nicht mehr auf Nachfragen oder weicht ihnen ständig aus.

Körperbeherrschung, Wahrung des richtigen Ausdrucksverhaltens als notwendige Instrumente zur Erzielung eines positiven Eindrucks. Es geht um *adab,* die guten Sitten. Iraner unterscheiden sich in dieser Hinsicht von ihren arabischen Nachbarn: «Über Etikette in gegenseitigen Besuchen, Korrespondenzen und Konversationen könnte man Bände vollschreiben, Einer will den Andern übertreffen (an) hyperbolischen Ausdrücken der Zartheit und Höflichkeit ...»[48]

Persisch ist eine stark formalisierte und ritualisierte Sprache. In Iran ist Kommunikation mehr als nur der Austausch von Argumenten und Meinungen. Es ist ein interaktives Spiel, in dem Höflichkeits- und Respektbekundungen ausgetauscht werden. Das soll nicht darüber hinwegtäuschen, dass es parallel dazu eine ganze Reihe von Flüchen und Verwünschungen gibt. Für diesen Komplex von Kommunikations- und Verhaltensregeln gibt es im Persischen den Kulturstandard *Ta'rof:* «Ta'rof ist ein iranisches Gesprächsverhalten, in dem man höfliche, aber nicht ernst gemeinte Angebote macht.»[49]

Ta'rof ist im Prinzip eine soziale Etikette, die bei Gelegenheiten eingesetzt wird, bei denen jemand nicht unhöflich sein und den anderen kränken will. Aussagen, die im Rahmen von Ta'rof gemacht werden, sind Botschaften, deren Wahrheitsgehalt eher sekundär ist. Es geht darum, die wirkliche Bedeutung dieser Botschaften zu erkennen, und das stellt Iraner mitunter vor große Probleme. Wenn Iraner sich gegenseitig mit Komplimenten überhäufen, sich Geschenke machen oder jemandem etwas anbieten, dann ist meist Ta'rof im Spiel. Ta'rof wird auch gern als eine Strategie benutzt, bei der man sich zum Schein in die Position des Unterlegenen begibt, um den anderen in Sicherheit zu wiegen. Durch diese Art der Täuschung lassen sich die eigenen Ansprüche besser durchsetzen. Eine weitere wichtige Funktion von Ta'rof ist die wohlüberlegte Zurückhaltung der eigenen Meinung. Dadurch vermeidet man, anderen Ärger zu bereiten, und gewinnt so ihren Respekt.

Wie äußert sich Ta'rof im Alltag? Man lädt jemanden ein, den man nicht sehen möchte oder von dem man weiß, dass er nicht kommt. Wie reagiert der Eingeladene? Er nimmt die Einladung an und kommt nicht. So wahrt jeder sein Gesicht. In diesem Sinne trägt Ta'rof dazu bei, mögliche Konfrontationen zwischen zwei Kommunikationspartnern zu neutralisieren. Man zeigt gegenseitigen Respekt und geht sich aus dem Weg.

Es gibt eine Vielzahl kommunikativer Stilmittel, die in Gesprächen gerne eingesetzt werden und den Gesprächspartner manipulieren sollen. Dazu gehört die überschwängliche Lobrede *(Tahsin)* auf den Gesprächspartner, der man nur wenig glaubt oder Schmeicheleien *(Chaplusi),* die die Unterwürfigkeit (des Sprechers) signalisieren sollen. Ziel ist es, an den Stolz und die Eitelkeit des Angesprochenen zu appellieren, auch an die Großmütigkeit. Die adäquaten Körpersignale sind eine demutsvolle Haltung, Verbeugungen und ein gesenkter Blick. Manipulation durch Anbiederung, jemanden geneigt machen. Das ist auch der Zweck der altiranischen Proskynese.

In der alltäglichen Interaktion nehmen sprachliche Floskeln der Unterwerfung und Ergebenheit einen breiten Raum ein. Wenn Iraner von sich als Sklave *(Bandeh)* oder Diener *(Noukar)* sprechen, dann situativ, um Mitgefühl, Rührung oder Sorge auszudrücken. Die Selbstbezeichnung als Sklave entstammt der vorislamischen höfischen Tradition, während der Ausdruck Diener (Gottes) seine Wurzeln im Koran hat.

Beliebte Floskeln sind:
«Wie Sie wünschen und befehlen.»
«Haben Sie einen Befehl? «
«Befehlen Sie mir.»
«Sie sind mein Oberhaupt.»
«Ich bin Ihr Sklave.»

Iraner sind im Gespräch häufig bereit, sich für andere aufzuopfern oder zu sterben. Das ist ein sprachlicher Automatismus, der eine körperliche Demutsgeste verbalisieren soll. *Qorban-at,* ich bin dein Opfer, gilt als Zeichen von Liebe oder soll Rührung und Mitgefühl ausdrücken oder man bietet sich jemandem an. Es ist eine beliebte Formel, die in Briefen häufig verwendet wird, *qorban-at gardam, feda-jat shawam,* alle im Sinne von «Ich werde Ihr Opfer»: «Im

Umgang ist er angenehm; er versteht es immer etwas Verbindliches zu sagen, und erwartet von seinem Partner dasselbe (...) er wird nie eine Bitte oder ein an ihn gestelltes Ansuchen rund abschlagen, das widerstrebt seinem Charakter; er zieht es vor, zu versprechen und nicht zu halten.»[50]

Iraner empfinden eine ehrliche, direkte Aussage immer als unhöflich und verletzend. Kann ein Versprechen nicht eingelöst werden, kommt die Hinhaltetaktik *(Sardawanidan)* zum Einsatz. Etwas direkt abzulehnen gilt als unschicklich oder als beleidigend, ein Angebot wird daher immer mit einer Vorbehaltsklausel angenommen, *Inschallah* (so Gott will). Ebenso wenig kann man verbindliche Versprechen geben, sie werden auch selten erwartet. Verabredungen, die nicht eingehalten wurden, werden zwar bedauert, jedoch nicht kommentiert.

Der Umgang mit der Wahrheit wird in Iran anders gepflegt als in Mitteleuropa. Die schiitische Tradition des *Ketman,* die Kunst der Verstellung, ist heute paradoxerweise aktueller denn je, obwohl sie ursprünglich nur unter sunnitischer Vormundschaft galt. Es ist das Gegenteil von (europäischer) Leichtgläubigkeit (aus iranischer Sicht). Weil Wahrheit für Iraner stets relativ ist, ist ihr die Lüge zum guten Zweck stets vorzuziehen, wie der Dichter Saadi sagt.

8. Der Chef hat immer recht

Hierarchiedenken und patriarchalische Herrschaftsstrukturen bestimmen den Alltag in iranischen Unternehmen.

Management in Iran

«Unternehmenskultur ist die Gesamtheit von Normen, Wertvorstellungen und Denkhaltungen, die das Verhalten der Mitarbeiter in allen Stufen und das Erscheinungsbild eines Unternehmens prägen», schreiben die Autoren Jedu Marcel Kobi und Hans Wüthrich in ihrem Buch «Unternehmenskultur».[51] Moderne (westliche) Managementkonzepte stellen den einzelnen Mitarbeiter als Träger dieser Corporate Identity in den Mittelpunkt ihrer Definition. Nach unserem Verständnis ist die Unternehmenskultur ein wichtiges Instrument für den Erfolg eines Unternehmens. Unternehmen und ihre Kulturen sind Teil einer spezifischen gesellschaftlichen Ordnung.

Wenn man davon ausgeht, dass jede Gesellschaft ihre eigene Unternehmenskultur hervorbringt, die den gesellschaftlich anerkannten Wertvorstellungen entsprechen muss, dann ist die Corporate Identity eines Unternehmens immer auch Spiegelbild der jeweiligen gesellschaftlichen Verhältnisse. Das gilt natürlich auch für die Unternehmenskultur in Iran.

Die meisten der heute in Iran tätigen Betriebe sind nach der Revolution im Rahmen der Enteignungs- und Verstaatlichungswelle gegründet worden. Aufgrund dieser historischen Besonderheit war die Ausbildung einer eigenständigen Unternehmenskultur nicht möglich, und zwar aus mehreren Gründen. Zum einen wegen des autokratischen Führungsprinzips in privaten und staatlichen Firmen, das eine Partizipation der Mitarbeiter am betrieblichen Geschehen nicht zulässt. Zum anderen, weil die Personalstruktur in iranischen Unternehmen wegen der unterschiedlichen ethnischen Herkunft der Mitarbeiter häufig sehr heterogen ist. Mitarbeiter gleicher ethnischer Zugehörigkeit (Sprache, Kultur) bilden zudem häufig Subkulturen innerhalb eines Unternehmens, wodurch ein Gefühl der Zusammengehörigkeit aller gar nicht erst aufkommt. Durch das Fehlen eines Wir-Gefühls sind Konflikte mit anderen Subkulturen im Prinzip vorprogrammiert.

Zur Förderung des Wir-Gefühls in einem Unternehmen gehören auch Gemeinschaftsveranstaltungen wie Feste oder Feiern. Ihnen kommt eine immanent wichtige soziale und psychologische Funktion zu. Solche Aktivitäten, wie beispielsweise das Feiern von Firmengeburtstagen, waren vor der Revolution unüblich und danach einfach tabu, weil unislamisch. Offizielle Feste und Feiertage in Iran sind meist religiöse Veranstaltungen zu Ehren des Propheten, der schiitischen Märtyrer, der Imame oder anderer historischer Ereignisse und dementsprechend ernsten Charakters. Eine Ausnahme bildet das persische Neujahrsfest (Nowruz).

Symptomatisch für viele iranische Unternehmen ist das Fehlen einer dokumentierten Firmengeschichte. Wenn eine solche vorliegt, beginnt sie meist nach der Revolution. Ihre Vorgeschichte wird einfach ausgeblendet.

Management unter dem Schah-Regime

In den Jahren vor der Revolution verkörperte der Unternehmer in privaten Unternehmen zugleich den Manager und führte den Betrieb wie seine Familie mit einem paternalistisch-autoritären Führungsstil. Das patriarchale Führungskonzept ist auf absolute Autorität und ebenso absoluten Gehorsam ausgerichtet. Es duldet keinen Widerspruch, verlangt jedoch Loyalität. Diese Traditionslinie beginnt in der Familie, der Vater als Oberhaupt, autokratisch herrschend, bevorzugt die männlichen Nachkommen. In der Schule übernimmt der Lehrer die Rolle des Vaters, in der Armee der Offizier, im Betrieb der Manager. In der religiösen Sphäre steht der Imam als Leiter der Gemeinde *(Umma)* und der Moschee. Der traditionelle Führungsstil vereinigt sämtliche Leitungsfunktionen (Planen, Entscheiden, Kontrollieren) in einer Person. Es ist die Vorliebe für die Monopolisierung von Macht und deren Zentralisierung. Der iranische Unternehmer oder Manager herrscht wie ein absolutistischer König. Aus seinem Anspruch auf unbedingte Loyalität leitet sich umgekehrt die solidarprotektionistische Verpflichtung ab, für das persönliche Wohlergehen der Mitarbeiter sorgen zu müssen.

In vielen staatlichen Betrieben existierte das, was man als eine Art kulturellen Dualismus bezeichnen könnte. Manager waren häufig an westlichen Vorbildern orientiert, ihre Managementkenntnisse hatten sie zwar durch ein Auslandsstudium erworben. Ihr Führungsverhalten dagegen war autoritär-paternalistisch ausgerichtet.

Die Mitarbeiter hielten am traditionellen Berufsbild und an ihrer bisherigen Lebensweise fest. Westliche Standards wurden da übernommen, wo sie zweckdienlich waren. Das Ergebnis war eine ständige Diskrepanz zwischen Anspruch und Wirklichkeit. Die Anpassung westlichen Know-hows an persische Kulturstandards fand nicht statt. Das Beharrungsvermögen der Kultur war eben zu stark.

Die Neue Ordnung

Nach der Revolution wurden viele Privatunternehmer entschädigungslos enteignet, ihre Betriebe konfisziert und den neugegründeten parastaatlichen Stiftungen, den *Bonyads,* eingegliedert. Erfahrene Geschäftsführer wurden zwangspensioniert oder gingen ins Exil. Führungskräfte mussten ihre Linientreue unter Beweis stellen oder wurden durch regimekonforme Personen ersetzt. Die zentralistische Machtstruktur in den Betrieben wurde zunächst abgeschafft, wodurch es zu chaotischen Verhältnissen kam. Wegen der zahlreichen Konflikte und ständigen Produktionsausfälle kehrte man zum patriarchalischen Führungsstil wieder zurück.

Parallel zur Welle der Verstaatlichung wurde eine radikale Islamisierungspolitik (in den 1980er-Jahren) betrieben, die neben Schulen, Universitäten und Behörden auch die Betriebe erfasste. Der Arbeitsalltag wurde ideologisiert, religiöse Inhalte (Symbole) wurden in die Arbeitsabläufe ebenso integriert wie feste Zeiten zur Verrichtung der Gebete (fünfmal am Tag). Dafür brauchte man eigene Räumlichkeiten. Die Arbeitszeiten wurden während des Ramadan-Monats geändert.

In den Betrieben wurden islamische Komitees und Arbeiterräte gegründet, um die Arbeiter besser kontrollieren und die Arbeit effizienter organisieren zu können. Die Beschäftigten waren verpflichtet, am Freitagsgebet in den Moscheen teilzunehmen. Der Vollzug islamischer Betvorschriften führte zu ständigen Unterbrechungen in den Arbeitsabläufen, die Personalfluktuation war entsprechend hoch. Die Einführung religiöser Feste und Feiertage tat ein Übriges. Die Zielvorgaben waren weniger betriebswirtschaftlicher als vielmehr ideologischer Natur. Das Ergebnis waren häufige Wirtschaftskrisen.

Wie man Manager wird (nach der Revolution)

«Gesellschaftlich war es wichtig gewesen, aus welcher Familie man stammte, wessen Sohn oder Tochter man war. Oft genug gelangte man wegen seiner Familienzugehörigkeit in Positionen, die man nicht verdient hatte. Das Ansehen, die Erscheinung, das, was man nach außen hin darstellte, war ausschlaggebend. Heute hingegen haben Äußerlichkeiten keine Bedeutung mehr und es ist völlig gleichgültig, aus welcher Familie man stammt», schreibt Shahnaz Nadjmabadi 1987 in der FAZ.[52]

Nicht ganz, denn für eine berufliche oder politische Karriere ist es in Iran weiterhin entscheidend, aus welcher Familie man stammt. Lediglich der soziokulturelle Hintergrund hat sich geändert. Viele der heutigen Entscheidungsträger haben ihre berufliche Karriere während und durch die revolutionären Ereignisse gemacht. Viele kommen aus tiefreligiösen Verhältnissen, meist sozial schwachen und kinderreichen Familien. Andere entstammen einem streng religiösen Elternhaus. Der Vater war häufig einfacher Arbeiter, Handwerker, Tagelöhner oder Basari. Wo der Vater ein Mitglied des schiitischen Klerus war, trat der Sohn die Nachfolge an.

Die Qualifizierung für höhere Aufgaben erfolgte im Verlauf der (vor)revolutionären Ereignisse: erstes Engagement in der Anti-

Schah-Bewegung in den 1970er-Jahren, Teilnahme an Demonstrationen, Streiks und Angriffe auf Polizisten und Soldaten. Nach der Revolution Mitgliedschaft bei der Volksmiliz *(Bassidji),* anschließend Teilnahme am Krieg gegen den Irak, entweder als Mitglied der *Pasdaran* (Revolutionswächter) oder anderer paramilitärischer Einheiten. Derart ausgezeichnet konnten viele mit Unterstützung durch die religiösen Stiftungen *(Auqaf)* oder die Bonyads ein Studium aufnehmen. Durch Protektion eines einflussreichen Ayatollahs oder anderer VIPs gelangten sie anschließend in höhere berufliche Positionen in staatlichen Unternehmen, Behörden, den Bonyads und/oder gingen in die Politik.

Eines der prominentesten Beispiele ist der gegenwärtige Staatspräsident Mahmud Ahmadinejad: «In Narmak, im Osten Teherans, wo Achmadinedschad aufgewachsen ist, kennt jeder den Präsidenten. (…) Zu Zeiten des Schahs hätten sie geheime Koranlesungen organisiert. Achmadinedschad habe eine Druckmaschine zu Hause versteckt gehabt, mit der er Flugblätter gegen den Schah vervielfältigt habe. Eine Nachts sei der Savak, die Geheimpolizei des Schahs, vorbeigekommen. Doch Machmud sei geflüchtet und habe sich bis zum Morgengrauen in einem Wasserkanal versteckt.»[53]

Für die Besetzung von Führungspositionen eigneten sich vor allem Personen, die ein Studium der Ingenieurswissenschaften absolviert hatten. Ahmadinejad zum Beispiel ist Ingenieur. Nach landläufiger Ansicht sind Ingenieure für die Aufgaben eines Managers besser geeignet, weil sie eine eher mechanistische Vorstellung von Betriebsabläufen mitbringen. Man glaubte, bei der Leitung eines Unternehmens seien technische Produktionsabläufe wichtiger als kaufmännische Aspekte. Die Autorität des Ingenieurs erleichtere ihm ferner die Durchsetzung seines Führungsanspruchs im Unternehmen, weil ihr ein größeres Sozialprestige zugeschrieben wird. Zudem fehlte bislang eine formalisierte Managementausbildung im Rahmen eines betriebswirtschaftlichen Studiums.

Der ideale Manager

Das Idealbild des iranischen Managers soll sich am Vorbild des religiösen Führers orientieren, nicht an dem des Managers westlicher Prägung. Die ideale Führungspersönlichkeit ist eine Kombination aus Manager und religiösem Führer *(Rahbar)*.

Das Konzept des Rahbar stammt aus dem schiitischen Islam, wo Führungskompetenz religiös legitimiert wird. Religiöse Vorbilder sind die ersten vier rechtgeleiteten Kalifen, die schiitischen Imame als rechtmäßige Nachfolger (aus schiitischer Sicht) und der verborgene zwölfte Imam al-Mahdi (siehe hierzu ausführlicher Kapitel 10, ab Seite 139). Dem islamischen Führungskonzept liegt eine ziemlich diffuse Vorstellung von Gerechtigkeit zugrunde. Der Führer befreit die Menschen aus ihren sozialen und politischen Zwängen. Als Konsens gilt, dass eine Gleichbehandlung der Geschlechter unzulässig sei (daher die islamische Kleiderordnung, Tragen des Tschadors für Frauen, rechtliche Benachteiligung der Frauen im Familien-, Erb- und Strafrecht, *Zihre,* die Ehe auf Zeit), ebenso wie eine Anerkennung der Menschenrechte. Nur die Scharia, das islamische Gesetz, kann gerecht sein. Dem Prinzip des Führers entspricht, dass ein Betrieb geführt werden und die Gesellschaft auf den rechten Weg gebracht werden muss.

Das autoritäre Führungskonzept zusammengefasst
Der ideale (religiöse) Führer
- hat Visionen von einer gerechten Welt
- hat göttliche Eigenschaften
- weist den Gläubigen den rechten Weg
- kämpft gegen Mostakbar (Ungläubige)
- erfüllt eine Mission und beendet Ungerechtigkeit

Weibliche Führungskräfte sind eher selten und meist nur auf den unteren Leitungsebenen anzutreffen. Trotz ihres hohen Anteils an den Erwerbstätigen mit einem Hochschulabschluss, 22 Prozent Frauen gegenüber 15 Prozent der Männer, passen sie nicht in die patriarchalischen Herrschaftsstrukturen.

Moderne Führungsmodelle wie «Management by Objectives» oder «Management by Delegation» sind zum gegenwärtigen Zeitpunkt in Iran eher undenkbar.

Anspruch und Wirklichkeit

Die ständig wiederkehrenden Krisen der iranischen Volkswirtschaft sind nicht zuletzt auch dem technokratischen Verständnis ökonomischer Zusammenhänge geschuldet. Die Regierung betreibt eine Art von Planwirtschaft mit ehrgeizigen Vorgaben (Fünfjahrespläne), die nie erfüllt werden.

Zahlreiche Wirtschaftsgüter (Grundnahrungsmittel, Benzin und anderes) werden subventioniert, und die privaten Unternehmen leiden unter dem eingeschränkten Wettbewerb durch die staatliche Konkurrenz. Hinzu kommt die schier unglaubliche Wirtschaftskraft der Bonyads, die einen Großteil der iranischen Volkswirtschaft kontrollieren. Die immer wieder angekündigte Reprivatisierung staatlicher Betriebe scheitert häufig an divergierenden (politischen) Interessen. Das Ziel iranischer Unternehmensphilosophie ist zum einen die Versorgung des nationalen Marktes mit einheimischen Produkten, zum anderen eine größtmögliche Unabhängigkeit vom Ausland. Diese Einstellung ist zum Teil Ergebnis der Erfahrungen mit der isolationistischen Politik der Regierung und umgekehrt eine Reaktion auf die Embargopolitik seitens der USA und der Vereinten Nationen.

Für iranische Manager steht die kurzfristige Gewinnmaximierung im Vordergrund ihres Handelns, weil sie als Messgröße für ihre Kompetenz angesehen wird. Andere Aspekte wie Innovationen, Kunden- und Marktorientierung, nachhaltiges wirtschaftliches Wachstum, um nur einige zu nennen, spielen eine untergeordnete Rolle, wenn überhaupt. Im Rahmen von Joint-Ventures erfolgt oft nur eine partielle Anpassung an die Standards des ausländischen Geschäftspartners, um die eigenen Produktionsmethoden zu verbessern. Eine Übernahme westlicher Arbeitsethiken oder Denkmodelle erfolgt in diesem Zusammenhang nicht.

Viele iranische Betriebe werden heutzutage in zweiter Generation von Managern geführt, die sich stärker auf betriebswirtschaftliche Aspekte konzentrieren als ihre Vorgänger. Der revolutionäre Impetus ist auch hier den Gesetzen des Marktes zum Opfer gefallen.

Organisation und Mitarbeiterführung

Die meisten iranischen Unternehmen sind organisatorisch nach dem Einliniensystem aufgebaut, weil es am besten mit dem autoritär-paternalistischen Führungsstil der Manager korrespondiert. Das Vorbild dieses Organisationsprinzips ist die militärische Organisation mit ihren einfachen, überschaubaren Autoritätsstrukturen.

Vorteile des Einliniensystems
- Straffe Disziplin
- Einheitlicher Auftragsempfang
- Anweisung nur vom direkten Vorgesetzten
- Top-down-Prinzip bei Entscheidungen und Anweisungen
- Verteilung der Aufgaben innerhalb der Abteilungen ist bekannt
- Ausführung obliegt den Abteilungsleitern
- Aufteilung der Mitarbeiter einer Abteilung obliegt Vorgesetzten und Meistern

In der Praxis überwiegen allerdings die Nachteile dieses Organisationsprinzips, weil es nicht flexibel auf externe Veränderungen reagieren kann.

Nachteile des Einliniensystems
- Lange Weisungswege in beide Richtungen
- Meldungen brauchen viel Zeit
- Arbeitsfülle steigt mit Rangstufe
- Starke Belastung der oberen Leitungsebenen
- Kommunikationsweg top-down
- Instanzenweg = Dienstweg
- Häufige Konflikte

Wer in Iran einen Job sucht, ist in der Regel auf sich selbst gestellt, weil der Arbeitsmarkt sehr stark dereguliert ist. Die Bekanntgabe von Stellenangeboten in privaten Betrieben erfolgt meist über Bekannte, Verwandte oder Freunde. Vorstellungsgespräche finden immer direkt mit dem Geschäftsführer statt, weil er über die Besetzung neuer Stellen allein entscheidet. Modernes Personalmanagement wie Human Ressource Management (HRM) wird nicht praktiziert. Im Sinne von HRM ist der Mitarbeiter kein bloßer Produktionsfaktor, sondern ein wichtiger Teil des unternehmerischen Erfolgs.

Diese Einstellung ist in iranischen Betrieben entweder unbekannt oder wird als westlich dekadent betrachtet. In gewisser Weise ist das verständlich, denn sie ist nicht Teil der persischen Kultur. Die Mitarbeiterführung in iranischen Unternehmen obliegt ausschließlich dem Geschäftsführer oder Manager. Auf der Basis seiner subjektiven Einstellung zu den betreffenden Mitarbeitern entscheidet er über Beförderungen, Lohnerhöhungen oder gar die Teilnahme an Weiterbildungsmaßnahmen. Selbstständiges Denken oder eigenverantwortliches Handeln wird nicht erwartet. Die Vergütung der Mitarbeiter ist selten leistungsbezogen und in vielen Fällen zu gering. Umgekehrt sehen Mitarbeiter ihre Entlohnung nicht als Leistungsanreiz. Die Folge ist, dass Arbeiten nach Anweisung ausgeführt werden. Viele Beschäftigte müssen in der Regel Nebenjobs ausüben, um ihren Lebensunterhalt sichern zu können. Erschwerend kommt noch hinzu, dass die Reallöhne wegen der zunehmenden Inflation ständig weiter sinken.

Personaleinstellungen in staatlichen Betrieben oder den Bonyads erfolgen über Ämterpatronage und Nepotismus. Beziehungen und Empfehlungen sind wichtig, häufig durch einen Ayatollah. Wichtige Führungspositionen, wie beispielsweise in den Bonyads, werden nur mit Personen besetzt, die ihre soziokulturelle Herkunft mit einem revolutionären Hintergrund vorweisen können oder sich als linientreuer Gardist bewährt haben.

Wenn Sie zum Beispiel im Rahmen eines Joint-Venture-Projekts mit iranischen Mitarbeitern zusammenarbeiten, wird von Ihnen erwartet, dass Sie höflich, aber bestimmt, klare Anweisungen geben. Dazu sollte auch eine zeitliche Vorgabe gehören. Eigenverantwortliches Handeln sollten Sie nicht erwarten. Als Führungskraft müssen Sie führen und Ihre Anweisungen abfragen. Sie sollten Ihre Anweisungen weder begründen noch darüber diskutieren. Vermeiden Sie direkte Kritik, vor allem in Gegenwart anderer Mitarbeiter. Wenn Sie etwas kritisieren müssen, dann so, dass der Betroffene stets das Gesicht wahren kann. Sonst schaltet er/sie auf stur.

9. Der Arbeitsalltag in Iran

«Wie sehr wir Deutsche das pünktliche Einhalten von Terminen für selbstverständlich halten, merken wir in der Regel erst, wenn wir in einem Land sind, in dem man sich nicht auf Fahrpläne und sonstige Zeitangaben verlassen kann.» [54]

«Time is no problem»

Wie jemand mit seiner Zeit umgeht, welche Prioritäten er setzt, ist abhängig von dem jeweiligen kulturellen Kontext, in den er hineingeboren und in dem er sozialisiert wurde. Wer in Deutschland bei seinem Vorgesetzten etwas erreichen will, hat in der Regel nicht sehr viel Zeit, sein Anliegen vorzutragen. Braucht er länger, entsteht der Eindruck, er habe sich nicht gründlich genug vorbereitet und wisse nicht genau, was er eigentlich wolle. Neben der richtigen Wortwahl sind Entschlossenheit und Dynamik im Auftreten oft entscheidend.

Wer allerdings in Iran so auftritt, wird sein gestecktes Ziel garantiert nicht erreichen. Erfolgsrezepte, die in Deutschland gelten, sind dort eine Garantie für Misserfolg. Zeit hat in Iran eine andere Bedeutung. Wer gleich beim ersten Treffen mit der Tür ins Haus fällt, gilt als unkultiviert, anmaßend und potentiell bedrohlich.

Unser Zeitverständnis ist linear, unser Arbeitsstil ist monochron. Für uns ist es wichtig, eine Arbeit pünktlich zu beginnen und innerhalb eines vertretbaren Zeitrahmens zu beenden. Der Begriff «monochron» ist eine Wortschöpfung des amerikanischen Anthropologen Edward T. Hall, und bedeutet «doing one thing at a time».[55] Er findet diese Arbeitseinstellung bei Nordamerikanern und Nordeuropäern, also bei Menschen, die es gewohnt sind, sich auf eine Sache zu konzentrieren, etwas schrittweise abzuarbeiten.

Monochron ist aus dem Griechischen ins Lateinische gewandert, bedeutet «einfarbig» und meint «Linear, nacheinander».

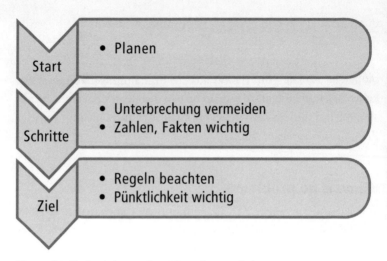

Unterschiedliche Arbeitsstile – Monochroner Stil

Das Gegenteil, «polychron», ist charakteristisch für Südeuropa, die arabische Welt und natürlich für den Iran. Jemand mit einem polychronen Zeitverständnis pflegt einen lockeren Umgang mit der Zeit, Pünktlichkeit ist nicht so wichtig und eher ein Zeichen für einen Mangel an Flexibilität. Wer nicht mit der Zeit umgehen kann, weil er sich ständig in ein starres zeitliches Korsett zwängen muss, dessen Leben nur noch von Terminkalendern bestimmt wird und weniger von der Kommunikation mit anderen Menschen, gilt als unzuverlässig. Für ihn steht nur der schnelle Geschäftsabschluss im Blickpunkt seines Interesses und nicht die Beziehung, die man erst einmal aufbauen muss, bevor man über Geschäfte redet. Jemand, den man nicht kennt, mit dem kann man keine Geschäfte machen.

Menschen mit einem polychronen Weltbild sind es gewohnt, mehrere Projekte gleichzeitig zu bearbeiten. Auf Unterbrechungen oder Unwägbarkeiten reagieren sie durch Improvisieren. Ihnen fehlt der feste Glaube an Zahlen und Fakten. Weil im Leben alles relativ ist, kann man nur wenig vorausschauend planen. Deshalb führt systematisches Arbeiten auch selten direkt zum Ziel. Regeln muss man umgehen können, weil sie das eigene Handeln zu sehr einzwängen.

Pünktlichkeit ist kein Wert an sich, sondern immer abhängig von den Umständen, die das Handeln begleiten. Oft ist es eine unerledigte Sache, die einen aufhält, die Nachfrage eines Mitarbeiters, plötzliche Anrufe von Verwandten und Bekannten oder das Verkehrschaos in Teheran, die den eigenen Zeitplan strecken. Die Beziehung kommt vor die Sache und nicht umgekehrt.

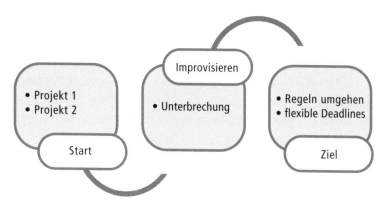

Unterschiedliche Arbeitsstile – Polychroner Stil

Der unterschiedliche Umgang mit Zeit ist kulturbedingt, kein Mangel an organisatorischen Fähigkeiten oder gar die fehlende Bereitschaft, Dinge systematisch anzugehen. Das Denken strukturiert Dinge nur anders.

Ein Supermarkt in Teheran, es ist spät am Nachmittag. Das Geschäft ist gut besucht. An der Kasse stehen zehn Kunden in der Warteschlange. Es dauert quälend lange. Ein Angestellter hilft einer alten Frau, die den Laden offensichtlich nicht kennt. Ihrem traditionellen Aussehen nach ist sie eine Bäuerin irgendwo aus der Provinz und vermutlich das erste Mal in einem modernen Laden.

Sie kauft ein paar Auberginen und stellt sich an die Spitze der Warteschlange. Der Kassierer sagt ihr höflich: «**Madar,** (Mütterchen), Sie müssen sich anstellen wie alle anderen.» Sie ignoriert den Hinweis und murmelt irgendetwas. Der Kassierer bedient weiter der Reihe nach, doch die alte Bäuerin bleibt an der Kasse stehen. Niemand beschwert sich, niemand wird ungeduldig, alle schauen irgendwie amüsiert zu. Einer sagt, man solle die alte Frau nicht so lange warten lassen, sie sei schließlich ein altes Mütterchen. Der Kassierer bedient sie und hilft ihr noch beim Einpacken. Sie sagt: «**Al-hamdu-lillah**, gelobt sei Gott», und geht.

Tipp
Wenn Sie Terminvereinbarungen mit Ihrem iranischen Geschäftspartner treffen, wird von Ihnen erwartet, dass Sie wirklich pünktlich sind. Deutsche sind dafür bekannt, auch in Ländern, wo Meetings selten pünktlich beginnen. Auf Verspätungen Ihres iranischen Partners reagieren Sie am besten mit Gelassenheit. Der großzügige Umgang mit Zeit ist hier wirklich eine Investition, die sich auszahlen wird.

Meetings

Um einem beliebten Vorurteil gleich entgegenzutreten, auch in Iran beginnen Meetings pünktlich, nur nicht allzu oft.

In monochronen Kulturen werden Sitzungen meist im Voraus geplant, formal mit Tagesordnung und abschließend mit einem Protokoll. Die Unterhaltung unter den Anwesenden ist anfangs etwas locker, wenn es dann zur Sache geht, wird man sehr schnell formell. Die Besprechungen dienen der Koordination von Zusammenhängen und der Instruktion der Anwesenden. Es ist weithin üblich, dass Meetings von einer höherrangigen Person geleitet werden. Meetings bieten kein Forum für die Kommunikation nach oben, sondern umgekehrt. Dabei versteht sich von selbst, dass abweichende Meinungen selten willkommen sind. Die höherrangige Person erteilt Anweisungen, erklären und überzeugen sind dabei unwichtig.

In Iran sind von langer Hand vorbereitete Sitzungen relativ selten. Sitzungen beginnen immer mit der üblichen religiösen Grußformel der *Basmala* aus dem Eingangsvers des Korans, *Besmillah Rahman-e Rahim* (Im Namen Allahs, des Erbarmers, des Barmherzigen), die vom Vorgesetzten gesprochen wird. Die Formel Basmala wird in der gesamten muslimischen Welt als Anfang von Briefen, Büchern, Reden und Zeremonien verwendet.

Meetings werden meist bei aktuellen Problemen, oder wenn neue Entscheidungen anstehen, kurzfristig einberufen. Dies entspricht der polychronen Arbeitsweise, nach der man auf dringende Ereignisse kurzfristig und spontan zu reagieren hat. Für die Ausarbeitung einer Tagesordnung bleibt daher wenig Zeit, eine Ad-hoc-Tagesordnung muss genügen. Ausführliche Protokolle werden selten erstellt, weil die Teilnehmer sich auf die Ausführungen des Managers konzentrieren und für sich selbst Notizen machen.

Die Sitzungen sind von Beginn an sehr formell, man vermeidet den Small Talk, vor allem, wenn der Chef bereits anwesend ist. Die Besprechungen dienen zwar den anstehenden Problemen, ufern jedoch häufig in schier endlose Monologe aus über die Situation des Unternehmens und die Wirtschaft im Allgemeinen. Je nach religiösem Familienhintergrund oder wenn es aus Karrieregründen opportun erscheint, kommen Imam Khomeini und die Errungenschaften der islamischen Revolution ins Spiel. Es ist ein Ritual, dass der Selbstvergewisserung des Vortragenden dient. Von den Mitarbeitern wird erwartet, dass sie aufmerksam zuhören und zustimmen. Abweichende Meinungen oder gar Kritik an Entscheidungen oder Maßnahmen sind generell unerwünscht. Es würde auch nicht ihrer Rollenerwartung entsprechen. Einwände, auch wenn sie berechtigt sind, werden gerne zerstreut und widerlegt. Sie passen nicht zum autoritär-paternalistischen Führungsstil iranischer Vorgesetzter. Sitzungen sind ein Forum für die Entgegennahme von Entscheidungen, die umgehend und kritiklos ausgeführt werden müssen.

Tipp

Deutsch-iranische Meetings können leicht frustrierend werden, weil hier unterschiedliche Herangehensweisen (Sachorientierung versus Beziehungsorientierung) aufeinandertreffen. Klären Sie zu Beginn ab, welche Tagesordnungspunkte Ihrem Gesprächspartner wichtig beziehungsweise weniger wichtig erscheinen. Damit können Sie eine erste Brücke bauen. Ein Festhalten an formalen Abläufen ist in Iran unüblich. Sie sollten dem Verhalten Ihres Gesprächspartners insoweit entgegenkommen, dass Sie die weniger wichtigen Punkte zunächst ausklammern, später jedoch wieder auf sie zurückkommen. Erklären Sie, warum die zurückgestellten Punkte Ihnen wichtig erscheinen, und fragen Sie, ob Ihr Gegenüber nicht auch dieser Ansicht ist. Ansonsten brauchen Sie viel Geduld, die sich unter Umständen auszahlt.

Umgang mit Behörden

Behörden arbeiten in Iran ähnlich schwerfällig wie in Deutschland. Allerdings ist der Umgang mit ihnen in Iran komplizierter als der mit Unternehmen. Die Mitarbeiter in iranischen Behörden arbeiten weder betriebswirtschaftlich denkend noch leistungsorientiert. Sie werden dafür schließlich nicht bezahlt. Ständige Unsicherheit führt dazu, dass sie sich bei der Bearbeitung von Dokumenten erheblich Zeit lassen, um Fehler zu vermeiden.

Hinzu kommt, dass viele Angestellte keine Entscheidungen treffen können oder dürfen und den Instanzenweg genau einhalten müssen. Vielfach ist es auch schlichte Unkenntnis, wie ein Vorgang zu bearbeiten ist. Im Zweifelsfall bleibt die Angelegenheit oft monatelang einfach liegen. Bei Ausländern kommt das übliche, um nicht zu sagen, tiefverwurzelte Misstrauen in Form aller möglichen Verschwörungstheorien dazu.

Die ausgeprägte Angst vor Fehlern und fehlende Sprachkenntnisse führen häufig dazu, dass gerade Ausländer sämtliche Dokumente in amtlich beglaubigter Übersetzung zusammen mit Kopien der Originale (ebenfalls amtlich beglaubigt) vorlegen müssen. Übersetzungen brauchen einige Tage, und es ist oft schwierig, einen guten Übersetzer zu finden. Hier kann Ihnen die örtliche deutsche Außenhandelskammer weiterhelfen, falls Sie ortsunkundig sind. Sie haben kaum Möglichkeiten, die Bearbeitung Ihrer Angelegenheit zu beeinflussen, es sei denn, Sie sind bereit, dafür Geld zu zahlen. Korruption ist in Iran angesichts der geringen Einkünfte vieler Angestellter, allen Verlautbarungen zum Trotz, sehr ausgeprägt. Die

Frage, ob Sie jemanden bestechen sollen, kann Ihnen niemand beantworten.

Wenn Sie nicht Ihren Ruf riskieren wollen, lehnen Sie es besser ab beziehungsweise bieten so etwas gar nicht erst an. Es geht auch ohne. Termine bei Behörden sind generell schwer zu bekommen, besonders bei Vorgesetzten. Lange Wartezeiten und vage Zusagen sind üblich. Wer einmal in Teheran den Gang durch die staatlichen Institutionen absolviert hat, entwickelt ein anderes Zeitgefühl.

Zwei Empfehlungen
Dinge lassen sich nur durch den richtigen Partner vor Ort beschleunigen. Und planen Sie viel Zeit ein.

Geschäftszeiten

Die Geschäftszeiten in Iran unterscheiden sich von denen in Deutschland durch eine andere Wochenendregelung. Freitag ist generell arbeitsfrei, auch wenn kleinere Geschäfte und Bäckereien nachmittags geöffnet sind. Die Kernarbeitszeiten sind von Samstag bis Mittwoch meist von 8.00 bis 16.00 Uhr sowohl bei Privatunternehmen als auch bei staatlichen Behörden. Donnerstags wird vielerorts von 8.00/9.00 bis 12.00 Uhr gearbeitet. Der iranische Kalender sieht eine Vielzahl von religiösen Feiertagen vor (Einzelheiten hierzu siehe im Anhang, Seite 83), die auf Veranlassung der Regierung gestreckt werden können. In Südiran (Khuzestan, Belutschistan) können die Geschäftszeiten wegen des ausgesprochen heißen Klimas erheblich variieren.

10. Konfliktmanagement

Unterschiedliche Kommunikationsstile spiegeln immer auch unterschiedliche Verhaltensweisen in Konfliktsituationen wider. Manche Konflikte lassen sich mit rationalen Argumenten und Einsichten lösen, andere wiederum sind derart von Stimmungen und Gefühlen beeinflusst, mit subjektiven Verletzlichkeiten behaftet, dass eine Lösung fast aussichtslos scheint.

Konfliktpotenziale

Ein deutsches Unternehmen lieferte vor einigen Jahren eine Maschine an einen iranischen Kunden. Die Maschine war fertig montiert, und der deutsche Ingenieur wollte einige Probeläufe fahren, um letzte Feinabstimmungen vornehmen zu können. Die iranischen Mitarbeiter hatten jahrelang mit einer älteren Version dieses Typs gearbeitet, die noch mechanisch gestartet werden musste. Das verlief nach anfänglichen Schwierigkeiten immer reibungslos, und kleinere Reparaturen konnte man selbst erledigen.

Die neue Maschine jedoch verlangte umfangreiche elektronische Kenntnisse, außerdem waren die Anweisungen in englischer Sprache verfasst. Eine Übersetzung in Persisch lohnte sich für den Hersteller nicht. Die Mitarbeiter wurden mit der Bedienung der neuen Maschine vertraut gemacht und sollten sie in Gang setzen. Nichts passierte und allgemeine Hektik brach aus. Die Arbeiter blickten den Ingenieur ratlos an. Jemand meinte, ein Stromausfall, wie er sich im Sommer häufiger ereignete, könnte die Ursache sein, vielleicht auch eine fehlerhafte Komponente. Niemand war bereit, seine mangelnden Englischkenntnisse zuzugeben oder dass er vielleicht die eine oder andere Anweisung nicht richtig verstanden hatte. Dem Ingenieur blieb nichts anderes übrig, als mit der Schulung der Mitarbeiter erneut zu beginnen.

Was sollte beziehungsweise könnte der deutsche Ingenieur überhaupt tun? Den Iranern direkt ins Gesicht sagen, dass ihr technischer Kenntnisstand nicht ausreiche, um solch eine komplizierte und teure Maschine zu bedienen? Wohl nicht.

In einer deutschen Firma würde sich ein ähnlicher Vorfall vermutlich kaum ereignen. Die Einstellung (Arbeitsethik) zu Fehlern und Konflikten ist anders. Das hat mit eigenverantwortlichem Handeln zu tun und mit selbstorganisiertem Arbeiten.

In Iran ist das anders. Das Leugnen von Fehlern, selbst wenn man dabei erwischt wird, ist keine Frage der Moral, es ist auch nicht anrüchig. Der schiitische Islam empfahl früher unter sunnitischer Fremdherrschaft die Anwendung des *Ketman,* das Sich-Verstellen, Verbergen der wahren Ansichten in einer feindlichen Umwelt.

Aus der Sicht des Betroffenen ist das Leugnen von Fehlern eine zweckrationale Handlungsweise. Sie folgt einer eigenen Logik. Das Eingeständnis, etwas nicht zu können oder falsch gemacht zu haben, bringt Iraner in eine äußerst peinliche Situation. Offene, direkte Kritik wäre hier nur kontraproduktiv und würde auch nicht weiterhelfen. Man schaut einem Menschen nicht ins Gesicht und kritisiert ihn, selbst wenn die Kritik noch so berechtigt ist, und schon gar nicht in Gegenwart anderer.

In solchen Momenten wird die Schamkultur angesprochen und ein entsprechender Reaktionsmechanismus auslöst. Der so kritisierte könnte vor Wut oder Verzweiflung im Boden versinken. Er ist nicht in der Lage, Ihren Argumenten zu folgen oder Einsicht zu zeigen. Über kritische Argumente zu diskutieren würde von ihm außerdem Kooperationsbereitschaft erwarten, was nicht geht, weil sie nicht in den Abwehrmechanismus passt. Kritik wird grundsätzlich in einen (aus Sicht des Kritisierten) unberechtigten Vorwurf umgelenkt, der einen bloßstellen, einem schaden will. Eine häufige Reaktion sind Schuldzuweisungen, die sich immer gegen andere richten. Fehlerhaftes Material oder Material geringerer Güte, mangelhafte Verpackung und Beschädigungen beim Transport. Nie aber das Eingeständnis, selbst der Urheber des Schadens oder des Versäumnisses zu sein.

Weil Sache und die Person nicht voneinander zu trennen sind, wird sachlich formulierte Kritik immer sehr persönlich genommen.

Unvermögen gleich welcher Art fällt nicht nur auf die angesprochene Person zurück, sondern bezieht gleich die ganze Familie mit ein. Dieser Logik zufolge müssen die Eltern sich schämen, weil sie keine bessere Erziehung und Ausbildung ermöglichen konnten. Also sieht jeder gleich, dass man aus einer sozial schwachen Familie stammt, in der Bildung nur eine untergeordnete Bedeutung hatte. Die eigene Reputation ist dahin.

Das muss vermieden werden, und es empfiehlt sich auch für den ausländischen Coach oder Vorgesetzten, dies zu vermeiden – mit der Konsequenz, den Handlungs- und Verantwortungsrahmen wieder bei sich selbst vor- und in einer Tradition einzufinden, die es nicht erst seit dem letzten Schah gibt: «Irans Premier und seine Minister sind nicht mehr als Hofbeamte, der Öffentlichkeit vor allem beim Kuß der Hand ihres Herrschers gegenwärtig – fast allabendliches Spektakel im persischen Fernsehen. Die Richtlinien der Politik dieses 35-Millionen-Volkes trifft nur er.»[56]

Der Islam hat, wie weiter vorn bereits dargestellt (Seite 35), die vorislamische Sitte der Proskynese übernommen, auch ein probates Mittel des Konfliktmanagements. Ayatollah Khomeini ließ und sein Nachfolger im Amt, Ayatollah Khamenei, lässt sich die Füße und die Hände von den Anhängern küssen. Wenn einfache iranische Bauern früher ihren Großgrundbesitzern begegneten, fielen sie auf die Knie und küssten deren Hand.

Potenzielle Konflikte sollen durch Abwehrzauber verhindert oder aufgelöst werden. Wenn jemand für längere Zeit die Familie, das Haus verlässt, um im Ausland zu studieren oder zu arbeiten, muss er unter einer hochgehaltenen Koranausgabe hindurchgehen. Das soll ihm göttlichen Beistand und Schutz geben. Amulette in mannigfacher Form, häufig mit Koranversen beschrieben, dienen dem gleichen Zweck.

Man kann dieses Verhalten nicht mit westlichen Maßstäben messen oder gar verurteilen. Würde man einen Iraner fragen, was er von der deutschen Art und Weise, mit Konflikten umzugehen, hielte, er würde vermutlich nur den Kopf schütteln. Für ihn wäre es unhöflich und ein Mangel an Respekt und persönlicher Reife, jemandem ins Gesicht zu sagen, was man von ihm hält oder wie man seine Arbeit einschätzt. Er würde es als verletzend empfinden. Für ihn wäre klar, dass man mit solchen Personen nicht kooperieren kann.

Wenn man in Iran jemandem eine schlechte Nachricht überbringen muss, und dazu würde hier Kritik gehören, fällt man nie mit der Tür direkt ins Haus. Man bereitet ihn erst langsam darauf vor, indem man über positive Dinge spricht, oft auch scherzend. So vorbereitet, kann die schlechte Nachricht langsam mitgeteilt werden, wobei man immer sein Bedauern darüber ausdrückt, dass man diese Aufgabe übernommen habe. Man muss erst einen Kontext aufbauen, in den man die Botschaft einbauen kann. Versuchen Sie, sich selbst nicht als den Urheber der Kritik darzustellen, damit die Bereitschaft mit Ihnen weiterzuarbeiten, nicht verlorengeht.

Loyalität spielt in Iran sowohl auf geschäftlicher als auch auf privater Ebene eine wichtige, eine herausragende Rolle. Sie setzt die Existenz einer gut funktionierenden Beziehung voraus, der alles andere untergeordnet werden muss. Sie ist ein Akt der Gegenseitigkeit mit unausgesprochenen Regeln, die man respektieren muss, um dauerhaft erfolgreich zu sein. Zugleich appelliert sie an die Ehre der jeweiligen Geschäftspartner. Eine einmal vereinbarte Loyalität zu brechen ist nicht nur unehrenhaft. Sie ist darüber hinaus geschäftsschädigend, weil damit immer die Loyalität und die Zugehörigkeit zu einem Netzwerk beschädigt wird. Einen Partner zu übervorteilen oder sonstwie zu schädigen verstößt gegen die guten Sitten, ist ehrabschneidend. Den Schaden kann man nie wieder gutmachen.

Der Begriff der Ehre spielt in einer traditionalen kollektiven Gesellschaft wie der iranischen eine weitaus größere Rolle als in der deutschen. Ehre ist ein normativ-moralisches Konzept mit einem Bündel von Verhaltensvorschriften, das man nicht flexibel handhaben kann. Die Ehre des Mannes umfasst zugleich die der Familie, die er im öffentlichen Raum zu verteidigen hat. *Birun* (Außen) und *Andarun* (Innen) sind zwei zentrale Konzepte der iranischen Gesellschaft, architektonisch und soziologisch gesehen.

Der äußere Raum *(Andarun)* ist den Männern vorbehalten, der innere Raum *(Birun),* der private Bereich, dagegen den Frauen. Jedes Haus, jede Wohnung hat einen öffentlichen Bereich, in dem man Besucher und Gäste empfängt. Die Privatsphäre bleibt Außenstehenden dagegen unzugänglich, verschlossen, genauso, wie man nie über private Dinge spricht. Die Preisgabe vertraulicher, persönlicher Informationen einem Fremden gegenüber wird als verletzend empfunden, als Verlust an Ehre.

Ehre ist eng verbunden mit Ansehen, das man nicht per se hat, sondern sich erst erwerben muss. Ansehen ist das Ergebnis von harter Arbeit, von Erfolg und Zuschreibungen durch andere. Das Ansehen des Einzelnen ist verknüpft mit dem Respekt, den man ihm entgegenbringt. Damit schließt sich der Kreis.

Weitere Konfliktursachen ...

Wer durch sein Verhalten zu erkennen gibt, dass er jemanden nicht respektiert, nicht genug würdigt, stellt gleichzeitig dessen gesellschaftlichen Status in Frage. Das ist ein Mangel an sozialer Kompetenz und zeugt von fehlender Loyalität. Es wird als Verstoß gegen soziokulturelle Normen gewertet, als ein Zeichen von Respektlosigkeit.

Zu viel Offenheit bei Kritik ist auf direkte Konfrontation ausgerichtet und lässt auf einen Mangel an Einfühlungsvermögen schließen. Das Festhalten an einmal getroffenen Vereinbarungen, das Insistieren auf starren Regeln, Vertragstreue, obwohl sich die Umstände geändert haben, das sind die üblichen Konfliktursachen. Wenn man dann noch leichtfertig die in Iran üblichen Reizthemen (siehe dazu in Kapitel 4 die Verschwörungstheorien, ab Seite 80) anspricht, ist die Geschäftsbeziehung nachhaltig gestört.

... und entsprechende Reaktionen

Das sind nur einige Beispiele für typische Konfliktursachen. Die Reaktionen Ihres iranischen Geschäftspartners verlaufen meist nach dem bekannten Reiz-Reaktions-Schema. Konflikte werden nicht, wie in Deutschland üblich, in möglichst sachlicher Art und Weise offen angesprochen, mit dem Ziel der Klärung, um die Geschäftsbeziehung fortsetzen zu können.

Iraner reagieren häufig gekränkt, um nicht zu sagen, beleidigt. Sie verlagern Konflikte auf die emotionale Ebene. Fakten spielen dabei nur eine untergeordnete Rolle, wenn überhaupt. Auf Nachfragen durch den deutschen Geschäftspartner wird zunächst mit der üblichen Hinhaltetaktik reagiert. Eine Entscheidung sei noch nicht getroffen, weil… Es gibt tausend Gründe. Man werde sich bemühen, könne aber zum gegenwärtigen Zeitpunkt noch keine Zusage geben. Details müssten noch ausführlicher diskutiert werden. Das sind die anfänglichen Reaktionsmuster. Dann hört man lange Zeit nichts mehr. Die Beziehung lässt man auslaufen, man weicht ständig aus. Wenn Sie an diesem Punkt angekommen sind, ist die Beziehung kaum noch zu kitten.

Tipp
Sie haben vielleicht noch eine letzte Chance, das Geschäft zu retten. Laden Sie Ihren Geschäftspartner zu einem Besuch nach Deutschland ein und überlegen Sie vorher, wie Sie das Programm so gestalten können, dass daraus für ihn eine Verpflichtung zu weiterer Kooperation wird. Iraner sind begeisterte Fußballanhänger, deshalb lohnt der Besuch eines Top-Spiels der Bundesliga, am besten einer Mannschaft, in der ein iranischer Fußballspieler mitspielt. Bei dieser Gelegenheit können Sie vorsichtig mögliche Konfliktursachen ansprechen. Wird die Einladung abgelehnt oder auf unbestimmte Zeit verschoben, haben Sie zumindest Klarheit.

«Verträge muss man mögen»

Die in Iran übliche Vorstellung von der Bedeutung und Verbindlichkeit von Verträgen unterscheidet sich von der in Mitteleuropa. Verträge sind in Iran weniger starre Regelwerke, die bis ins letzte Detail die gegenseitigen Rechte und Pflichten festschreiben. Das sind sie natürlich auch, im juristischen Sinne.

Verträge sind immer Orientierungsrahmen, die Gemeinsamkeiten fixieren und dennoch Spielraum für notwendige Veränderungen oder Ergänzungen lassen. Darauf sollten Sie unbedingt achten. Wenn sich die Umstände ändern (aus iranischer Sicht), müssen Sie flexibel reagieren, auch etwas großmütig über die Änderungswünsche hinwegsehen können. Sie zeigen damit, dass Sie die Beziehung höher einschätzen als ein Stück Papier, und dass die Fortsetzung dieser Beziehung für Sie oberste Priorität hat. Seien Sie kompromissbereit. Iraner müssen einen Vertrag mögen.

Tipps zur Konfliktlösung
- Wenn ein Konflikt sich abzeichnet, signalisieren Sie Entgegenkommen, Verhandlungsbereitschaft.
- Unterstreichen Sie Ihr Interesse an einer Lösung zum beiderseitigen Vorteil.
- Heben Sie die Gemeinsamkeiten hervor, Vorteile, Chancen.
- Vermeiden Sie unbedingt, dass Ihr Gesprächspartner das Gesicht verlieren könnte.
- Führen Sie Gespräche zur Konfliktlösung nur unter vier Augen, nie vor einer Gruppe.
- Appellieren Sie an die bisherige gute Zusammenarbeit und dass Sie sie gerne fortsetzen wollen (sic!).
- Lässt sich ein Konflikt nicht lösen, schalten Sie einen Vermittler ein, das ist auch in Iran eine häufig geübte Praxis des Konfliktmanagements.

11. «Es gibt keinen Gott außer Gott» – Der Islam im Alltag

Wenn Sie in einem islamischen Land geschäftlich tätig sind, sollten Sie den Islam zumindest in Grundzügen kennen, damit Sie die durch ihn geprägten Denkmuster und Verhaltensweisen besser verstehen können.

Dem Thema dieses Buches entsprechend, beschränke ich mich auf die Darstellung der Grundlagen des schiitischen Islam. Für eine Vertiefung verweise ich auf die weiterführende Literatur im Anhang.

Der Islam ist eine dynamisch wachsende Weltreligion mit 1,3 Milliarden Gläubigen und die jüngste der fünf großen Offenbarungs- und Buchreligionen. Er ist allerdings mehr als nur eine Religion; er ist ebenso eine Gesellschaftsordnung und in Iran staatstragendes Prinzip. Islam bedeutet «die Existenz eines ewigen, gottgegebenen und vom menschlichen Willen unabhängigen Regelsystems, das die angemessene Einrichtung der Gesellschaft bestimmt».[57]

Seinem Selbstverständnis nach ist der Islam die Religion der Unterwerfung unter den Willen Gottes (Allahs). Muslime sehen dies als Hingabe an Gott. Ein Muslim ist, wer sich dem Willen Gottes unterordnet. Für den Gläubigen bedeutet diese Hingabe, Denken und Handeln mit der göttlichen Lehre in Einklang zu bringen. Als Muslim wird man entweder geboren oder man wird Muslim, indem man unter Zeugen das islamische Glaubensbekenntnis, die *shahada*, ausspricht. Anders als zum Beispiel im Christentum ist nach islamischem Recht die Konversion zu einem anderen Glauben verboten. Auf Apostasie steht die Todesstrafe.

Muslime sind keine «Mohammedaner»
Nicht nur bei Karl May werden Muslime als Mohammedaner bezeichnet. Dieser Begriff hat sich mit einer gewissen Hartnäckigkeit bis heute erhalten, er taucht sogar in historischen Seminaren auf. Für Muslime ist diese Bezeichnung schlichtweg eine Beleidigung. Ihrem Verständnis nach ist der

Islam keine Schöpfung des Propheten Muhammed, er ist nur der Gesandte, sondern Gottes (Allahs). Frauen werden als Muslima, Männer als Muslim, (Plural Muslime) bezeichnet.

Koran und Sunna als Erkenntnisquellen des Islam

Der Koran, das geoffenbarte Wort Gottes (aus Sicht der Sunniten) und die *Sunna* (Vorbild, Brauch des Propheten) bilden die offensichtlichen Quellen muslimischen Glaubens und Lebens.

Mohammed hatte seine Verkündigungen nur mündlich vorgetragen, sie wurden von den Gläubigen teilweise im Gedächtnis behalten oder auf Knochen oder Palmblättern aufgeschrieben. Der Text des Korans wurde erst 18 Jahre nach Mohammeds Tod in der Regierungszeit des Kalifen Uthman (644–655) in kanonischer Form festgelegt, vermutlich sogar später. Viele der heute noch gültigen Lehren, Gesetze und Interpretationen wurden erst im Laufe der nachfolgenden Jahrhunderte von muslimischen Gelehrten entwickelt, wobei die Schiiten auch hier eigene Wege gegangen sind. Anders als im katholischen Christentum gibt es im Islam keine Institution, der alle Gläubigen unterstehen und die in sämtlichen Glaubensfragen bindende Entscheidungen treffen kann. In der islamischen Welt folgen die Gläubigen dem Rat einflussreicher Gelehrter, so vor allem in Iran, wo die Reputation und der Einfluss eines Ayatollahs auch von der Größe seiner Anhängerschaft abhängen.

Der Koran wurde in Arabisch abgefasst und besteht aus 114 Suren (Kapiteln), die in Verse eingeteilt sind. Ihre Zahl schwankt zwischen 6500 und 6535, je nach Verszählung. Die Länge der Verse und Suren ist unterschiedlich, wobei die langen und erst später in Medina geoffenbarten Suren (insgesamt 25) am Anfang des Korans stehen. Die kürzeren Suren der mekkanischen Zeit (89) schließen sich diesen an. Einzige Ausnahme ist die kurze Eröffnungssure *al-Fatiha*, die am Anfang des Korans steht und acht Verse umfasst.

Die zweite Quelle bildet die *Sunna,* das sind die in sechs großen Sammlungen zusammengefassten Berichte über die Aussagen und Handlungen des Propheten *(Hadithe),* die im neunten Jahrhundert zusammengestellt wurden. Im Koran, Sure 33, Vers 21, heißt es dazu: «Ihr habt nun im Gesandten Gottes ein schönes Beispiel …»

Für die Muslime haben diese Verhaltensvorschriften, die sich auf sämtliche Bereiche des Lebens beziehen, eine normative Bedeutung. Bei Schiiten werden die Hadithe des Propheten noch durch die Hadithe der Imame, also der schiitischen Rechtsgelehrten, interpretiert und ergänzt. Damit übernimmt der schiitische Klerus die Funktion einer weiteren Quelle religiöser Erkenntnis.

Die fünf Grundpfeiler des Islam

Wie in jeder Religion gibt es auch im Islam bestimmte Grundpflichten, die für den Gläubigen bindend sind.

1. Shahada (Glaubensbekenntnis)

Muslim ist, wer das Glaubenskenntnis im Beisein von Zeugen ausspricht: «Ich bezeuge, dass es keinen Gott außer Allah gibt und dass Muhamad sein Gesandter ist.» Dieses Dogma wird mehrmals täglich durch den Gebetsrufer *(Muezzin)* in den Moscheen verkündet.

Das Bekenntnis zum Islam ist also nicht nur ein Ausdruck des Glaubens. Ein Muslim bezeugt vielmehr, dass es einen ewigen und unsichtbaren, lebendigen Gott gibt, der der Schöpfer allen Seins ist und der allein diese Welt regiert.

«Sprich: Er ist der einzige Gott. Der unwandelbare Gott. Er zeugt nicht und ward nicht gezeugt. Und niemand ist ihm gleich.»
(Koran, Sure 112)

2. Salat (Das Gebet)

Die üblichste Form der persönlichen Andacht ist das tägliche Pflichtgebet, das zu Hause oder am Arbeitsplatz nach der rituellen Waschung zu verrichten ist. Die bei den Sunniten übliche Vorschrift, das Gebet täglich fünfmal zu verrichten, gilt auch für Schiiten, wird von ihnen jedoch zusammengefasst: auf das Mittagsgebet *(zuhr)* folgt direkt das Nachmittagsgebet *(asr)* und auf das Gebet bei Sonnenuntergang *(maghrib)* folgt unmittelbar das Nachtgebet *(asha).* Der Gläubige verneigt sich auf einem kleinen Gebetsteppich in Richtung der *qibla,* also nach Mekka, wo die *Kaaba* ist. Unter die Stirn wird ein kleiner Lehmziegel, die *muhra,* gelegt, der von einer Pilgerstätte *(Mashhad* oder *Kerbala)* stammt. Der Gebetsruf des Muezzins ist der gleiche wie bei den Sunniten und erklingt dreimal täglich entweder im Radio oder über die Lautsprecher der Moscheen.

Der Freitag gilt als heiliger Tag, die Muslime versammeln sich in den Moscheen zum traditionellen Freitagsgebet. Abgesehen von den stark rückläufigen Besucherzahlen bei den Freitagspredigten, was generell mit einem zunehmenden Desinteresse an religiösen Themen in Iran verknüpft ist, ziehen gläubige Iraner es vor, ihre Gebetspflichten zu Hause zu vollziehen.

3. Zakat (Das Almosen):

Die Almosensteuer ist neben dem Pflichtgebet das wichtigste Gebot des Islam. Sie war ursprünglich eine fromme Übung und wurde mit der Zeit zu einer Steuer von 2,5 Prozent auf alle Arten von Vermögen. Mit der Einziehung der Steuer sind Beamte beauftragt. Damit ließ sich schon zu Lebzeiten des Propheten die Staatskasse auffüllen.

Der Koran erklärt in Sure 9, Vers 60: «Almosen sind nur für die Armen, für die Bedürftigen, für die sich mit ihnen Befassenden, für die, deren Herzen sich angeschlossenen, für die Gefangenen(befreiung), für die Schuldner, für den Pfad Gottes und für die Wanderer; eine Vorschrift Gottes, und Gott ist allwissend und allweise.»

Unter Pfad Gottes ist hier vor allem die Finanzierung des Glaubenskrieges zu verstehen. Bei den Schiiten gibt es parallel zu dieser Art der Besteuerung noch den *Khoms.* Damit wird eine Steuer von einem Fünftel auf jeden Gewinn erhoben (Koran, Sure 8, Vers 42), der als Anteil des Imams *(Sahm-e Emam)* an diesen geht und für soziale Zwecke und Einrichtungen verwendet wird.

4. Saum (Das Fasten)

Das Fasten im Ramadan (pers. *Ramazan)* ist eine weitere religiöse Pflicht aller Gläubigen. Der Fastenmonat ist der neunte Monat des muslimischen Jahres. Ihm kommt eine besondere Bedeutung zu, weil der Überlieferung nach der Prophet in diesem Monat seine erste Offenbarung erhalten hat. Außerdem wurden in ihm mehrere erfolgreiche Feldzüge unternommen.

Fasten bedeutet, von Tagesanbruch bis Sonnenuntergang nichts essen, nichts trinken, nicht rauchen und kein Geschlechtsverkehr. Diese Verpflichtung gilt für jeden volljährigen Muslim, der im Besitz seiner geistigen und körperlichen Kräfte ist. Ausgenommen sind Alte, Kranke, schwangere und stillende Frauen sowie Reisende und Schwerstarbeiter, die das Fasten nachholen oder eine Sühne leisten müssen. Weil der Rhythmus des religiösen Lebens sich nach dem Mondkalender richtet, der mit der *Hijra* des Propheten beginnt (siehe hierzu im Anhang), fällt der Ramadan in unterschiedliche Jahreszeiten. Nach Sonnenuntergang erwacht mit dem Fastenbrechen der eigentliche Lebensrhythmus. Man versammelt sich im Familien- oder Freundeskreis, um mit ihnen bis spät in die Nacht gemeinsam zu essen. Der Ramadan endet nach vier Wochen mit dem großen Fastenbrechen *(Eid-e fetr)*, einer Feier, zu der Freunde und Verwandte eingeladen werden.

Der Ramadan beeinflusst natürlich auch den Geschäftsalltag, die Motivation und die Arbeitseinstellung, sodass sich Termine tagsüber kaum vereinbaren und auch wahrnehmen lassen. Vor allem in den Sommermonaten sollten Sie berücksichtigen, dass der Verzicht allen besonders schwerfällt. Zwar wird in den meisten Büros und staatlichen Einrichtungen gearbeitet, allerdings nur den Umständen entsprechend und häufig mit geänderten Öffnungszeiten. Auch die meisten Geschäfte und Restaurants öffnen erst spät gegen Abend.

Ähnlich wie beim Persischen Neujahrsfest *(Nowruz)*, sollten Sie in den Wochen des Ramadan Ihre geschäftlichen Aktivitäten umständehalber anpassen, das heißt: herunterfahren. Es versteht sich von selbst, dass Sie Ihre Konsumgewohnheiten – vor allem in Gegenwart von fastenden Iranern – ebenfalls entsprechend ausrichten.

Zur Pflege sozialer Beziehungen sollten Sie Einladungen zum gemeinsamen Fastenbrechen unbedingt annehmen. Dazu ist es üblich, ein kleines Gastgeschenk in Form von Süßigkeiten mitzubringen.

5. Hajj (Die Pilgerfahrt)

Schiiten messen dem Besuch der Heiligengräber, vor allem denen der schiitischen Imame, eine besondere Bedeutung zu. Die Imame gelten als Vermittler und Fürsprecher zwischen den Gläubigen und Gott. Sie üben damit eine Funktion aus, die es im Islam sunnitischer Prägung nicht gibt. Wie alle Muslime sind auch iranische Schiiten angehalten, die Wallfahrt *(hajj)* nach Mekka einmal in ihrem Leben durchzuführen. Die Pilgerreisen werden in Absprache mit den saudi-arabischen Behörden staatlicherseits durch iranische Stiftungen organisiert, nicht zuletzt wegen der von Saudi-Arabien vorgeschriebenen Kontingentierung und weil sie mit erheblichem organisatorischen und finanziellem Aufwand verbunden sind. Hinzu kommt die latente Spannung zwischen iranischen Schiiten und sunnitischen Muslimen. Die vorgeschriebene Zeit für die Pilgerfahrt ist der letzte Monat *(Dhul-Hijja)* des islamischen Mondkalenders.

Wer sich die Wallfahrt nach Mekka oder zu den schiitischen Heiligtümern in Kerbala, Nadjaf und Samarra (im Irak) nicht leisten kann, besucht zumindest das Grabmal von Imam Ali Reza (dem 8. Imam) in Mashhad im Osten Irans oder anderer Heiliger (Qom, Shiraz, Rey) in Iran. Allerdings war unter dem Regime von Saddam Hussein den meisten Iranern der Besuch der im Irak gelegenen Heiligtümer aufgrund der politischen Spannungen nur eingeschränkt möglich. Die Wallfahrtsorte der schiitischen Imame im Irak sind für fromme Iraner seit jeher beliebte Begräbnisstätten, allerdings deren Besuch auch kostspielige Unterfangen.

Eine sehr anschauliche Beschreibung dieser Todeskarawanen findet man übrigens bei Karl May («Von Bagdad nach Stambul»): «Dabei erfährt der Leser vieles über Hintergrund und Ritus der schiitischen Konfession im Islam, die dieser Tage verstärkt von sich reden macht.»[58] Eine weitere sehr anschauliche Beschreibung der Ashura-Prozessionen, wenn auch aus dem vergangenen Jahrhundert, finden Sie übrigens bei Elias Canetti in seinem Buch «Masse und Macht». Heute sind bestimmte Formen der früher üblichen Selbstgeißelung in Iran verboten.

Seit dem Tode Ayatollah Khomeinis 1989 gilt dessen Mausoleum in der Nähe von Teheran als weitere wichtige Pilgerstätte.

Die Pilgerfahrt verleiht dem Teilnehmer ein hohes soziales Prestige, Respekt und den Ehrentitel *Hajji Agha* (bei Männern) oder *Hajji Khanum* für Frauen.

Gott ist groß und Mohammed ist sein Prophet

Mohammed wurde um 570 n. Chr. in Mekka in eine verarmte Familie aus dem Clan der *Banu Hashim* (die Söhne der Hashim) geboren. Durch Heirat und politische Bündnisse hatten sich mehrere Clans zum Stamm der *Quraish* zusammengeschlossen, der damals über Mekka herrschte. Die Stadt war zu jener Zeit bereits ein religiöses Zentrum *(Kaaba)* und der wichtigste Wallfahrtsort für die heidnische semitische Bevölkerung der vorislamischen Zeit weit und breit. Weniger wichtig war ihre Bedeutung als Handelsplatz, denn die Route für den innerarabischen Fernhandel verlief weiter östlich, und damit an Mekka vorbei. Die Stadt nahm ihre Einkünfte aus dem Geschäft mit den Pilgern.

Der Vater Abd Allah starb kurz vor der Geburt. Das Kind kam zunächst in die Obhut seines Großvaters Abd al-Muttalib und im Alter von acht Jahren zu seinem Onkel Abu Talib, der die weitere Erziehung des Jungen übernahm. Mohammed begleitete seinen Onkel auf zahlreichen Geschäftsreisen auf der arabischen Halbinsel und kam so bereits zu einem frühen Zeitpunkt mit Angehörigen anderer Religionen (Juden, Christen, Zoroastrier) in Kontakt. Er lernte deren Glaubensvorstellungen kennen, die ihn tief beeindruckten.

Als junger Mann trat er in die Dienste der reichen Witwe *Khadija*, Inhaberin eines Handelshauses, das vor allem im Fernhandel tätig war. Jahre später heiratete er die viel ältere Khadija und übernahm deren Geschäfte. Aus dieser Ehe stammten vier Töchter und drei Söhne, von denen nur die Tochter Fatima als einziges Kind Mohammed überlebte. Fatima sollte später *Ali ibn Abi Talib,* einen Vetter Mohammeds, heiraten. Aus dieser Ehe gingen die beiden

Söhne *Hussein* und *Hassan* hervor, die zu den Stammvätern der Schiiten zählen und auf die heute in Iran und anderen muslimischen Ländern zahlreiche Seyyids ihre Genealogie, und damit ihre Sonderstellung innerhalb der Gesellschaft, zurückführen. Nach dem Tode von Khadija 619 n. Chr. heiratete Mohammed *Aisha* und ging danach weitere Ehen ein.

Die Offenbarungen

Im Alter von 42 Jahren, also um 612 n. Chr., setzte die prophetische Sendung ein, als Mohammed sein erstes Berufungserlebnis in einer Berghöhle in der Nähe von Mekka hatte, in die er sich regelmäßig zur Meditation zurückzuziehen pflegte. Mohammeds Beziehung zur Religion ist indifferent, er wird als ein Gottsucher beschrieben, der auf seinen Reisen auch anderen religiösen Einflüssen zugänglich war. Der Überlieferung nach erschien ihm des Nachts im Monat Ramadan in der Höhle der Erzengel Gabriel mit dem ersten Teil der Offenbarung des Korans. Von der Überlieferung überwältigt vertraute er sich zunächst nur seiner Frau Khadija an, die in ihm den kommenden Propheten erkannte und ihn ermutigte, seine Lehre unter den Mekkanern zu verbreiten.

Das war ein äußerst gefährliches Unterfangen und ist der Grund dafür, dass er Jahre später aus Mekka flüchten musste. Zu den ersten Anhängern und Muslimen jener Zeit gehörten neben seiner Frau sein Vetter und späterer Schwiegersohn Ali ibn Abi Talib, ferner *Abu Bakr* (erster Kalif und Nachfolger Mohammeds) und dessen Adoptivsohn *Zaid*. Diese Personen spielten bei der Ausbreitung des Islam wichtige Rollen. Mohammed sah sich in der Tradition der alttestamentarischen Propheten, er predigte den Glauben an den einen Gott und an das Jüngste Gericht. Er kämpfte für die Abschaffung des Polytheismus (Vielgötterei) und gegen die ständigen Scharmützel und Raubzüge unter den Stämmen.

Die politische Dimension von Mohammeds Wirken ist vor allem darin zu sehen, dass seine Missionstätigkeit und sein militärisches Geschick die untereinander zerstrittenen Stämme zu einer politischen und sozialen Einheit führen.

Mohammed erhielt die göttlichen Offenbarungen über einen Zeitraum von 23 Jahren in unregelmäßigen zeitlichen Abständen. Die frühen, in Mekka empfangenen Offenbarungen werden als mekkanische Suren bezeichnet und sind kürzer im Vergleich zu jenen der medinensischen Zeit.

Die Hijra – Flucht aus Mekka
Gemäß seinem Sendungsbewusstsein begann Mohammed in seiner Heimatstadt Mekka zu missionieren. Mit der Forderung nach einer moralischen Erneuerung, darunter verstand er den Übertritt zum Islam, stieß auf den Widerstand der traditionellen Kaufmannsaristokratie, die ihre wirtschaftliche und politische Existenz gefährdet sah. Außerdem befürchtete sie, die Stadt werde ihren Status als bedeutender Wallfahrtsort durch den Islam verlieren. Mohammed und seine noch kleine Anhängerschaft aus engen Verwandten und sozial Schwachen wurden aus der Stadt vertrieben. Die sogenannte Auswanderung *(hijra)* aus Mekka 622 n. Chr. ist nicht nur ein wichtiges historisches Ereignis, sondern markiert zugleich den Beginn der bis heute gültigen islamischen Zeitrechnung.

Nach langen Verhandlungen konnte Muhamad sich mit seiner Gefolgschaft schließlich in dem 400 Kilometer entfernten Ort *Medina* (historisch Yathrib) niederlassen. Dort waren die in der Stadt lebenden verschiedenen sozialen Gruppen seit Langem untereinander verfeindet. Mohammed konnte als Schlichter die Auseinandersetzungen beenden. Er schuf eine neue Gemeindeordnung auf religiös-politischer Basis mit einer straffen Organisation. Für die in Medina seit Generationen ansässigen Juden gab es dagegen keinen Platz in dieser neuen islamischen Ordnung. Sie wurden aus der Stadt vertrieben; wer blieb, fiel einem Massaker zum Opfer, «das der Prophet wohl nicht anordnete, aber doch billigte» (Heribert Busse). Die neue medinensische Gemeinschaft der Gläubigen *(umma)* gilt im Bewusstsein der Muslime als die Keimzelle der islamischen Urgemeinde, als idealtypische Gesellschaftsform. Aus dieser Position der Stärke führte Mohammed eine jahrelange Fehde gegen die Bewohner Mekkas mit häufig wechselnden Ausgängen.

Erst 630 n. Chr. fiel die Stadt kampflos in die Hände Mohammeds und seiner Anhänger. Aus dem lokalen Heiligtum, der Kaaba, entfernte Mohammed seinem göttlichen Auftrag entsprechend die dort aufbewahrten Götzenbilder. Die Bewohner konvertierten zum Islam. Mit der Einnahme Mekkas war die Macht des noch jungen muslimischen Gemeinwesens konsolidiert, der Islam konnte auf die angrenzenden Länder übergreifen.

Kurzer Exkurs über die vier rechtgeleiteten Kalifen

Mohammed starb 632 n. Chr. ohne einen Nachfolger eindeutig zu bestimmen (aus Sicht der Sunniten). Das ist der eigentliche Grund für die konfessionelle Spaltung der Muslime in Sunniten und Schiiten und hier sind bereits die Wurzeln für alle zukünftigen Konflikte angelegt. Die Schiiten behaupten dagegen, Mohammed habe Ali ibn Abi Talib zu seinem Nachfolger bestellt und damit die Nachfolge geregelt. Erwartungsgemäß kam es nach seinem Tod zu Rivalitäten um die Führung der Gemeinde. Man einigte sich zunächst auf einen seiner engsten Weggefährten, Abu Bakr (632–634), als Nachfolger *(Kalif)*. Auf Abu Bakr folgten *Umar* (634–644), von Abu Bakr ernannt, *Uthman* (644–656), er wurde von sechs Personen gewählt, und schließlich Ali ibn Abu Talib (656–661), auch er wurde gewählt.

Nach dem Tode Mohammeds begann die militärische und religiöse Erfolgsgeschichte des Islam. Unter der kurzen Herrschaft Abu Bakrs wurden die abtrünnigen arabischen Stämme unterworfen. Dessen Nachfolger Umar betrieb die Expansion über die Arabische Halbinsel hinaus. In relativ kurzer Zeit wurden die beiden Großmächte in diesem Raum, das Byzantinische Reich und das Reich der Sassaniden (642) bei Nihavand, in der Nähe des heutigen Hamadan, erobert. Mit dem Sieg über das persische Heer endete die mehr als tausendjährige Geschichte der altiranischen Großreiche.

Bei der Wahl des dritten Kalifen Uthman gab es bereits ernsthafte Auseinandersetzungen. Uthman gehörte einem einflussreichen Clan an, der Mohammed in Mekka zuvor heftig bekämpft hatte. Während seiner Amtszeit betrieb Uthman Nepotismus und

Ämterpatronage und brachte viele ehemalige Gegner Mohammeds in Amt und Würden. Diese Politik rief den Widerstand vieler unzufriedener Muslime hervor. Uthman wurde 656 unter nie geklärten Umständen ermordet.

Nach dem Tod von Uthman wurde Ali ibn Abi Talib zum Kalifen erhoben. Auch diese Wahl war umstritten (aus Sicht der Sunniten), mit der Folge, dass Angehörige des oppositionellen Clans der Umayya Medina verließen und nach Syrien übersiedelten. Es kam zu wiederholten Waffengängen zwischen beiden Gruppen, aus denen die *Umayyaden* als Sieger hervorgingen.

Die Anfänge der Schia – Das Kalifat Alis

Den Schiiten gilt die Bestimmung *Alis* zum Nachfolger Mohammeds als längst überfällig, weil es der Wille des Propheten gewesen sei. Deshalb lehnen sie auch die ersten drei Kalifen ab. Der Ursprungsmythos der Schiiten berichtet davon, dass Mohammed kurz vor seinem Tod bei der Rückkehr von der Abschiedswallfahrt nach Mekka (16. März 632) Ali bei einer Rast am Teich von *Qadir Khum* in Anwesenheit von Zeugen zu seinem Nachfolger designiert habe. Dieses Ereignis wird von Sunniten zwar nicht bestritten, die Worte Mohammeds werden jedoch unterschiedlich interpretiert. Für Schiiten ist Ali der einzig rechtmäßige Kalif, sein Ehrentitel, Befehlshaber der Gläubigen *(amir al-mu'minin),* soll dies verdeutlichen.

Die Gegner aus dem Clan der Umayya sowie Mohammeds Witwe Aisha hielten ihn für einen Nutznießer an der Ermordung seines Vorgängers Uthman. Die Gegnerschaft der Umayya führte zu mehreren militärischen Scharmützeln (657 bei Siffin am Euphrat), aus denen keine Partei als Sieger hervorging. Um weiteres Blutvergießen zu vermeiden, willigten beide Gruppen schließlich ein, einem neutralen Schiedsgericht die Entscheidung über das Kalifat zu übertragen. Bei vielen Anhängern traf Alis Einwilligung, das Amt einem menschlichen Schiedsgericht zu unterwerfen, auf Ablehnung. Für sie war es ein Verstoß gegen göttliches Gebot, ein Akt des Unglaubens. Sie forderten die Rücknahme seiner Zustimmung und verließen anschließend das Heerlager. In einer Strafaktion wurden die Auswanderer *(Kharijiten)* von Alis Truppen überfallen und niedergemetzelt. Das Schiedsgericht, bestehend aus zwei Weggefährten des Propheten, kam zu dem Schluss, Ali habe eine Mitverantwortung am Tod von Uthman. Damit war der Weg frei für seinen Gegner *Mu'awiya*, dem Statthalter von Syrien, der sich 660 zum Kalifen ausrufen ließ und die Dynastie der *Umayyaden* (661–750 n. Chr.) begründete. Mit dem Aufstieg der Umayyaden endete die dahin anerkannte Nachfolgeregelung durch eine Wahl und das dynastische Prinzip der Herrschaftsregelung setzte sich durch. Damit war der Bruch innerhalb der islamischen Gemeinde endgültig besiegelt. Ali wurde 661 von einem Überlebenden des Massakers an den Kharijiten in Kufa ermordet. Sein Grab ist seitdem ein bedeutender schiitischer Wallfahrtsort.

Die Auseinandersetzungen zwischen Ali und Mu'awiya führten zur endgültigen Spaltung der Muslime in Sunniten und Schiiten. Während die Sunniten die vier rechtgeleiteten Kalifen als legitime Nachfolger des Propheten anerkennen, lehnen das die Schiiten kategorisch ab. Für sie ist allein Ali der wahre Nachfolger Mohammeds und der erste Imam. Hier zeigt sich bereits die separatistische Grundeinstellung der Schiiten. Weil ihre Imame seit Ali das Recht auf die Führung der islamischen Gemeinde für sich beanspruchten, starb keiner von ihnen eines natürlichen Todes.

Über die Ereignisse jener Zeit gibt es keine historisch verbürgten Quellen. Es gibt lediglich mündliche Überlieferungen von Zeitzeugen, deren Meinungen allerdings erst im achten Jahrhundert schriftlich fixiert wurden und die teilweise stark voneinander abweichen.

Imam bedeutet im arabischen **Führer** oder **Vorsteher**. In dieser Funktion ist er häufig Vorbeter beim Gebet sowie Leiter der Moschee. Für die Sunniten ist der Imam neben dem Kalifen das (religiöse) Oberhaupt der umma (islamische Gemeinde).

Anders bei den Schiiten, für sie müssen die Imame beide Funktionen (politische und geistliche Führungsrolle) erfüllen. Als Imame gelten nur die von Ali abstammenden Nachkommen und von Gott geleiteten Führer.

Die verschiedenen Richtungen der Schia, die Fünfer-Schia, die Siebener-Schia und die Zwölfer-Schia, definieren sich nach den Imamen, auf die sie sich beziehen. Die kleinste Gruppe der Schiiten ist die Fünfer-Schia, die nach dem vierten Imam *Zaid ibn Ali* auch als *Zaiditen* bezeichnet werden. Sie umfasst etwa sechs Millionen Gläubige, die mehrheitlich im Jemen leben.

Die zweitgrößte Gruppe, die Siebener-Schia oder *Ismailiten,* beruft sich auf *Ismael,* den Sohn des sechsten Imams *Djafar as-Sadiq.* Zu ihr zählen sich etwa 15 Millionen Gläubige, die im Libanon, im Jemen, in Syrien (als Alawiten), in Iran, Afghanistan und Indien leben. Zwischen dem 11. und 13. Jahrhundert waren die Ismailiten in Iran als «Assassinen» gefürchtet, weil deren Anhänger unter dem Einfluss von Haschisch Meuchelmorde an den Herrschenden verübten.

Unter den weltweit rund 1,3 Milliarden Muslimen haben die Schiiten mit 130 bis 160 Millionen einen Anteil von 15 Prozent. Die Mehrheit bilden mit 85 Prozent die Sunniten. Der Begriff Sunniten leitet sich aus dem Arabischen von **sunna** (Herkommen, Brauch) ab, damit werden Muslime bezeichnet, die sich nach den von Mohammed überlieferten Aussprüchen und Taten orientieren. Sunniten lehnen die schiitischen Imame als Nachfolger des Propheten ab. Schiten bedeutet Partei und bezeichnet im Arabischen die Parteigänger Alis (**Shi'at Ali**), der ihrem Selbstverständnis nach der einzige legitime Nachfolger Mohammeds ist.

Als Zwölferschiiten oder *Imamiten* werden diejenigen Muslime genannt, die alle zwölf Imame als absolute Autorität verehren. Sie sind zahlenmäßig die größte Gruppe mit etwa 106 Millionen Anhängern und leben mehrheitlich in Iran und Irak, in Bahrain und Azerbaijan. Kleinere Gruppen gibt es in der Türkei, im Libanon, in den übrigen arabischen Golfstaaten, in Afghanistan und Indonesien.

Der Verborgene Imam

Mohammed al-Mahdi, der Verborgene *(Emam-e Gha'eb),* ist der zwölfte und letzte der schiitischen Imame. Er wird auch Mohammed, der erwartete Mahdi genannt. Um seine Person ranken sich die meisten Legenden, sein Schicksal verliert sich in der Verborgenheit. Er soll der Überlieferung nach als Sohn des elften Imams und einer byzantinischen Sklavin am 30. August 865 geboren worden sein und verschwand im Alter von neun Jahren am Todestag seines Vaters (24. Juli 874), als ihn Gott zum Schutz in eine geheimnisvolle Verborgenheit entrückte. Die Schiiten glauben bis heute, dass er lebt. Bis etwa 941 soll der verborgene Mahdi mit der schiitischen Gemeinde durch vier Sendboten in Verbindung gestanden haben. Mit dem Tod des letzten Gesandten brach der Kontakt ab. Seit jener Zeit ist die Gemeinschaft ohne absolutes Oberhaupt und wartet auf die Wiederkehr des Erlösers, des Endzeit-Herrschers, der ein Reich der Gerechtigkeit und Wahrheit errichten wird.

Die Lehren der Imame (Imamat)

Jede Religion braucht zu ihrer (inhaltlichen) Legitimation nicht nur den Nachweis (wahrer) historischer Ereignisse, sondern auch eine Sammlung von Glaubenssätzen und religiösen Doktrinen. Die für die Schiiten bedeutsame Doktrin des Imamats geht auf den sechsten Imam *Jafar as-Sadiq* zurück und wurde bereits im 7. Jahrhundert entwickelt. Sie ist bis heute gültig und besagt, dass die islamische Gemeinschaft zu allen Zeiten einen von Gott inspirierten und autorisierten religiösen Leiter braucht. Aus schiitischer Sicht kann dieses Amt nach dem Propheten nur von den schiitischen Imamen ausgeübt werden, weil sie mit theologischer und sittlicher Unfehlbarkeit ausgestattet seien.

Sunniten sehen das naturgemäß anders. Mit der Entrückung des zwölften Imams wurde diese Traditionslinie unterbrochen, weil von den Menschen kein neuer Imam gewählt werden kann. Dagegen wird nach schiitischem Verständnis für die Dauer seiner Abwesenheit (Verborgenheit) diese Aufgabe vom anerkanntesten Rechtsgelehrten stellvertretend übernommen.

Vor und nach der Revolution sah sich außer Ayatollah Khomeini niemand dieser Herausforderung gewachsen, zumal er bereits in den 1960er-Jahren im irakischen Exil sein Konzept des *Velajat-e Faqih,* die Herrschaft des anerkannten Rechtsgelehrten, entwickelt hatte. Diese programmatische Schrift wurde nach der Revolution zur staatstheoretischen Begründung der islamischen Republik Iran.

Nach dem islamischen Gesetz *(Shari'at)* können nur die obersten geistlichen Würdenträger *(Mudjtahed)* Urteile fällen, die als «Handlungsdirektiven für die Alltagsprobleme (der) Gläubigen» gelten (Hesse-Lehmann). Als Grundlage dieser Urteile dienen ihnen die Vorschriften des Korans, die Hadith-Sammlungen und die Koranexegese (Auslegung) durch die Gelehrten. Sie sind im Prinzip nichts anderes als stereotype moralische Wertungen bestimmter Handlungen. Anders als zum Beispiel in Europa basieren ihre Urteile nicht auf abstrakten Prinzipien, wie etwa den Bürger- und Menschenrechten als normative Begründung. Die islamische Logik und ihr Argumentationsmodus orientieren sich vielmehr an religiösen Normen und äußern sich in einem Regelwerk wie obligatorisch, empfohlen, erlaubt, verwerflich und verboten. Diese Richtlinien leiten das Verhalten und die Umgangsformen gläubiger Schiiten. Aus diesem Grund steht zum Beispiel auf Ehebruch in Iran die Todesstrafe durch Steinigung (sie wird übrigens weiterhin praktiziert) – nicht, weil hier primär gegen ein Gesetz verstoßen wird, sondern gegen eine moralische Vorschrift. Auch der islamische Dresscode (Tschador oder Hejab) lässt sich letztendlich nur mit einer entsprechenden Vorschrift im Koran (Sure 24, Vers 31) begründen. Insofern stellt das in der iranischen Öffentlichkeit von den Frauen praktizierte Verhalten, bezogen auf ihr äußeres Erscheinungsbild, einen permanenten Regelverstoß dar.

Diesen Sachverhalt sollten Sie im Hinterkopf behalten, wenn Sie die Denk- und Verhaltensweisen von Iranern verstehen wollen. Diese Normen und Werte sind über die Erziehung vermittelte, internalisierte Traditionen, und zwar unabhängig von der Zugehörigkeit zu einer bestimmten sozialen Klasse. Welches Konfliktpotenzial sich daraus für Iraner ergibt, die mit der westlichen Welt (beruflich oder privat) in Kontakt kommen, braucht an dieser Stelle nicht weiter erwähnt zu werden.

Welche bizarren Auswüchse der Glaube an die Wiederkehr des Verborgenen Imams annehmen kann, veranschaulicht der Auftritt des iranischen Präsidenten Mahmud Ahmadinejad 2005 vor der UNO kurz nach seinem Amtsantritt: «Der UNO-Plenarsaal hat schon manch illustren Auftritt erlebt (...) Doch dann verblüfft der Präsident das Plenum, er setzt zu einer ‹Predigt› an. Er proklamiert das Ende des agnostischen, säkularen Zeitalters. Aufklärung und westliche Wissenschaft hätten endgültig versagt (...) In einem fulminanten Finale ruft er den Schöpfer an: ‹Oh, allmächtiger Gott, ich bete zu dir, das Hervortreten deines letzten Triumphes zu beschleunigen. Schicke uns den Angekündigten, das perfekte und reine menschliche Wesen, das diese Welt mit Gerechtigkeit und Frieden erfüllen wird.›» (Urs Gehringer, Der Knecht Gottes, in: «Die Weltwoche», Nr. 19, vom 11. Mai 2006)

Vom Mullah zum Ayatollah

Der Islam kennt weder einen organisierten Klerus noch Priester. Es gibt weder ein Zölibat wie in der römisch-katholischen Kirche noch eine Liturgie oder ein Mönchtum. Muslimische Gläubige unterscheiden sich lediglich durch den Grad des Wissens, das sie im Laufe ihres Lebens erwerben. Ein Wissender ist demnach jemand, der den Koran, die Überlieferungen *(Hadith)* des Propheten, die Theologie *(Kalam),* die religiösen Grundsätze *(Usul)* nebst ihren Anwendungen *(Furu)* und das religiöse Recht *(Fiqh)* studiert hat. Dafür schuldet man ihm Respekt.

In der schiitischen Glaubensrichtung des Islam hat sich im Laufe der Jahrhunderte eine organisierte, streng hierarchisierte Gruppe von Geistlichen *(Ulema)* herausgebildet, die eine getrennte soziale Schicht darstellt, mit ausgeprägtem Korpsgeist und einigen Ähnlichkeiten zu christlichen Würdenträgern. Insofern kann hier von einem schiitischen Klerus gesprochen werden. Diese soziale Schicht lebt mit und von der Religion.

Schiitische Geistliche unterscheiden sich von der übrigen Bevölkerung bereits durch ihr Äußeres. Sie tragen in Nachahmung des Propheten eine lange braune oder schwarze Robe *(Aba),* einen weißen oder schwarzen Turban *(Ammameh)* und Pantoffeln *(Nalain),* die den Vorteil haben, dass sie sich bei den rituellen Waschungen oder beim Gebet leichter ausziehen lassen. Der Turban wird dem fortgeschrittenen Studenten der Theologie von seinem Lehrer, meist einem *Mudjtahed,* im Rahmen einer religiösen Zeremonie verliehen. Der schwarze Turban weist einen Seyyid aus, einen Nachkommen des Propheten und symbolisiert die Trauer um den Tod des Märtyrers Hussein. Viele ranghohe Geistliche in Iran besitzen den Status eines Seyyid und stammen meist aus Theologenfamilien.

Auf der untersten Stufe dieser Hierarchie steht der *Mullah* als einfacher Geistlicher einer Moschee in den Stadtvierteln oder auf den Dörfern. Die Bezeichnung Mullah ist die persische Umbildung des arabischen Terminus Maula und bedeutet Meister oder Klient. In der iranischen Gesellschaft hat sie einen doppeldeutigen Sinn und wird häufig auch auf Personen angewandt, die negative Verhaltensweisen an den Tag legen. In der persischen und türkischen Literatur gibt es die Figur des Mullah Nasreddin, der sich durch besondere Schläue und Gewitztheit hervortut und im Deutschen dem Till Eulenspiegel am nächsten kommt.

Innerhalb der muslimischen Gemeinde übten und üben Mullahs zahlreiche Funktionen aus. Auf den Dörfern und in den Stadtteilen unterrichten sie in den religiösen Schulen, sie fungieren als Standesbeamte bei Geburten, Hochzeiten und Beerdigungen, leiten das tägliche Gebet, überwachten in Krisenzeiten die Zuteilung rationierter Lebensmittel, stellen Bescheinigungen und Beglaubigungen aus, sammeln Almosen und entscheiden über deren Verwendung, überwachen die Einhaltung des islamischen Gesetzes und vieles mehr. Da sie von der Gemeinschaft finanziell abhängig sind, erhalten sie Spenden und Gelder von den religiösen Stiftungen *(Auqaf).* Eine Art Kirchensteuer wie in Deutschland gibt es in Iran nicht. Viele Mullahs stammen aus dem bürgerlichen und kleinbürgerlichen Milieu und unterhalten traditionell enge Beziehungen zu den städtischen Basarhändlern. Das war einer der mitentscheidenden Gründe für den Erfolg der Revolution von 1979. Ihre Zahl lässt sich nur schätzen, aber man rechnet mit 180 000 Mullahs in Iran.

Der Werdegang eines Mullahs beginnt mit dem Studium an einer der traditionellen theologischen Hochschulen *(Madraseh)* in Isfahan, Tabriz, Ghom oder Mashad, den religiösen Zentren Irans. Für die Dauer seiner Ausbildung wohnt der Student *(Talib,* derjenige, der lernt) in der Schule, von der er eine bescheidene finanzielle Unterstützung erhält. Er ist relativ frei in der Gestaltung seines Studiums, es gibt keinen Zwang zum Belegen bestimmter Fachrichtungen, die Teilnahme an Vorlesungen ist freiwillig. Wichtig sind dagegen die Eignung und Leistungen des Talib. Die Ausbildung verläuft in mehreren Stufen und ist unterschiedlich lang. Auf der untersten Stufe, die als *Moqaddamat* bezeichnet wird und in der Regel vier Jahre dauert, soll der Student eine vollständige Kenntnis des Schriftarabischen erwerben. Dazu zählen die Sprache, Grammatik, Syntax, Semantik, Textexegese, Rhetorik und erste Einführungen in das islamische Recht *(Fiqh)*.

Die zweite Stufe umfasst einen Zeitraum von etwa fünf Jahren und beinhaltet das Studium des islamischen Rechts, das systematische Lesen und Kommentieren der Prinzipien *(Usul)* klassischer religiöser Werke bedeutender Theologen. Hinzu kommen philosophische Studien. Am Ende dieser Phase gibt es für den Studenten weder Examina noch einen Studienabschluss. Es gilt das Prinzip der nicht-kodifizierten Anerkennung. In der Tradition des schiitischen Islam gab es eigentlich nur einen Titel, der eine klar umrissene Position benannte, nämlich die eines Rechtsgelehrten, und es gab nur einen Weg, in diese Position zu gelangen: durch Erlaubnis oder Bevollmächtigung durch einen amtierenden Rechtsgelehrten. Diese Tradition geht zurück auf den unfehlbaren Imam, von dem die ersten Rechtsgelehrten ihre Erlaubnis erhalten hatten.

Die nächste Stufe für die Fortgeschrittenen ist zeitlich unbegrenzt. Sie wird als *Kharij-Zyklus* (äußerer Zyklus) bezeichnet, weil der Talib sich von außen kommend dem Kern des Wissens nähert. Wer diese Stufe erreicht hat, darf Vorlesungen über theologische

Themen halten. Zur Anerkennung seiner akademischen Leistungen wird ihm von den Rechtsgelehrten der Ehrentitel eines *Hojatolleslam* (Beweis des Islam), ein sehr hoher, aber eher ungenau definierter theologischer Rang, verliehen. Die verschiedenen Titel weisen bestimmte Grade der Gelehrsamkeit aus und erfordern den Konsens unter den Rechtsgelehrten.

Die nächst höhere Stufe ist die des *Ayatollahs* (Wunderzeichen Gottes). Dieser Titel wird nur Personen verliehen, die den Rang eines *Mudjtaheds* (Rechtsgelehrter) innehaben und für würdig befunden werden, *Ijtihad* auszuüben, die eigenständige Rechtsfindung. Mudjtahed wird nur, wer von mehreren *Marja-e taqlid* als geeignet befunden wird. Außerdem muss er Rechtsgutachten *(Fatwa)* oder praktische Abhandlungen veröffentlicht und die Lehrbefugnis *(Ijazeh)* für die theologischen Fächer haben.

Ein *Marja-e taqlid* (Vorbild zur Nachahmung) ist die ranghöchste Position innerhalb des schiitischen Klerus. Diese Stufe kann nur ein Theologe im Rang eines Ayatollahs erreichen. In der Theorie galt diese Auszeichnung nur für den Gelehrtesten unter allen Theologen, und davon gab es vor der Revolution nur wenige Gelehrte.

Ein *Ayatollah al-Uzma* oder Großayatollah ist eine Ehrenbezeichnung, die an Mitglieder des Klerus verliehen wird, die meist ein hohes Alter haben und ein besonders großes Ansehen genießen. Ein Mullah unter vierzig konnte vor der Revolution nicht Ayatollah werden, danach ist dieser Titel inflationär geworden.

Die Mullahs auf den Dörfern werden durch den Marja bestellt, der ihr Vorbild ist und von dem sie bereits während des Studiums ein Stipendium erhielten und abhängig waren. Die Dorfbewohner müssen für diese Dienstleistung des Marja bezahlen und tun dies in Form des *Khoms*, einer weiteren religiösen Steuer auf alle Gewinne, der als Anteil des Imams *(Sahm-e Imam)* an die Marja'i geht. Die Mullahs werden in der Regel von der Dorfbevölkerung finanziell unterhalten.

Die wichtigsten Unterschiede zwischen Sunniten und Schiiten kurz zusammengefasst:

Sunniten
- 4 rechtgeleitete Kalifen: Abu Bakr, Umar, Uthman, Ali
- 3 Quellen religiöser Normen: Koran, Sunna, Hadithe
- 4 Rechtsschulen: Hanbaliten, Hanafiten, Malikiten, Shafiiten
- Koran ist das geoffenbarte Wort Gottes
- Schiiten gelten als Abtrünnige

Schiiten
- Ali ist der legitime Nachfolger Mohammeds
- Koran, Sunna, Hadithe sowie Handlungen und Konsens der Imame als Quellen der religiösen Normen
- Rechtsschule der Djafariten
- Imamatslehre
- Koran ist erschaffen, nicht geoffenbart
- Unterschiedliche religiöse Bräuche und Normen
- Taqiyeh oder Ketman
- Sunniten gelten als das gemeine Volk

12. «Der Gast ist der Liebling Gottes»

«Ihr Musliminnen! Verschmäht ja nicht da Geschenk eurer Nachbarin, auch wenn es nur der Fuß eines Schafes sein sollte.»[59]

Die sprichwörtliche persische Gastfreundschaft *(Mehman nawazi)* ist mehr als nur die Einladung zu einem guten Essen, sie ist ein wesentlicher Bestandteil geschäftlicher Beziehungen. Das gilt unisono für den arabischen Kulturkreis. Gastfreundschaft ist immer auf Gegenseitigkeit angelegt, indem sie ein Anrecht auf Unterstützung begründet. Es ist das Prinzip von Gabe und Gegengabe. Wer etwas erhält, muss etwas zurückgeben. Das fördert den sozialen Zusammenhalt über zeitliche und räumliche Distanzen hinweg. Eine Einladung abzulehnen, und sei es nur zu einem Tee, gilt als unhöflich und beleidigend. Zur Gastlichkeit gehören Freigebigkeit und Großzügigkeit, eine offene Hand und ein offenes Herz haben, sagen Iraner. Großzügigkeit ist eine der wichtigsten Tugenden, sie muss erwidert werden. Das ist die unausgesprochene Regel.

Der Kulturstandard Gastlichkeit hat eine sehr lange Tradition und geht auf die höfischen Sitten der altiranischen Großkönige zurück. Bereits in vorislamischer Zeit war die Bewirtung ausländischer Gäste am Hofe des Schahs eine selbstverständliche und hochgeachtete Tugend. Sie war allerdings auch eine politische Notwendigkeit, um Bündnisse zu schließen, den grenzüberschreitenden Handel mit den benachbarten Völkern zu gewährleisten oder sich die Treue der Untertanen zu sichern.

Freigebigkeit war ein königliches Privileg, etwas, das nur ein Herrscher gewähren konnte. Es war praktisch seinem Wesen immanent, eine Charaktereigenschaft. Der König belohnte die Treue seiner Untertanen durch Geschenke, ein solches abzulehnen galt als Beleidigung. Der griechische Historiker Xenophon berichtet in seiner *Anabasis* («Der Zug der Zehntausend») über das Verhalten von Kyros, dem Sohn von Dareios dem Großen: «Daß er in der Größe seiner Wohltaten seine Freunde übertraf, ist nicht verwunderlich, da er ja die größeren Mittel dazu besaß. Daß er in der Fürsorge seinen Freunden überlegen war, und in der Bereitschaft, ihnen eine Gunst zu erweisen, das scheint mir wenigstens bewundernswerter zu sein.»[60]

Dieses altiranische Königsideal wurde von den nachfolgenden Herrschern übernommen, wie spätere Reisende immer wieder berichteten. Die Freigebigkeit des Königs war keine einseitige Geste, sondern eng verknüpft mit den Loyalitätsgaben der Regierten. Alle Untertanen im persischen Großreich waren verpflichtet, dem Großkönig ihre Loyalität zu erweisen. So ist zum Beispiel auf den Reliefdarstellungen des Apadana-Treppenaufgangs in der altpersischen Königsresidenz Persepolis eindrucksvoll dargestellt, wie die Gesandtschaften der iranischen Völker dem König Tribut zollten. Zu Neujahr (Nowruz) und zum Herbstanfang waren sie verpflichtet, dem König Geschenke aus ihren Ländern zu überbringen. Zu jener Zeit regierte König Dareios über 29 verschiedene Völker. Das altiranische Zeremoniell des Schenkens ist bis heute ein fester Bestandteil der persischen Neujahrsfeierlichkeiten.

Der Vorzug des Schenkens

Von den muslimischen Eroberern wurde die Geste der Tributzahlungen bereitwillig aufgegriffen und fortgeführt, weil sich damit die Staatseinnahmen verbessern ließen.

Nach Sahih al-Buhari (810–870 n. Chr.), der die bedeutendste Sammlung von Hadithen, den Taten und Aussprüchen des Propheten Mohammed, zusammengestellt hat, habe schon der Prophet den Vorzug des Schenkens unter den Gläubigen erkannt: «O ihr, die ihr glaubt, spendet Almosen von dem, womit ihr euch versorgt, bevor der Tag kommt, an dem es kein Verhandeln gibt, keine Freundschaft und keine Fürbitte.» (Koran, Sure 2, Vers 255)

Freigebigkeit gehört im Islam mit zu den wichtigsten Pflichten eines Muslims. Sie umfasst ein Repertoire an Hilfen, das von der Nachbarschaftshilfe, über die (finanziellen) Spenden für die gemeinnützigen Einrichtungen wie den religiösen Stiftungen *(auqaf)* und den obligatorischen Armensteuern *(zakat)* bis hin zum freiwilligen Almosen *(sadaqa)* reicht. Bei den Schiiten gibt es darüber hinaus noch eine besondere Form der Abgabe, die sie als Khoms bezeichnen und als Anteil des Imams *(Sahm-e Emam)* bekannt ist (siehe hierzu das Kapitel 11, ab Seite 141). Doch auch im Islam ist Schenken immer ein Akt der Gegenseitigkeit, keine Einbahnstraße. Der gläubige Spender hofft für seine Großzügigkeit auf Erden belohnt zu werden, spätestens aber im Paradies. Der Prophet hat die Gläubigen vor Geiz gewarnt: «Es mögen diejenigen, die geizig sind, nicht denken, was Gott ihnen von seinem Überfluß gab, sei ihnen zum Besten (…) Das, woran sie geizten, wird ihnen als Halsfessel umgehängt am Tage der Auferstehung.» (Koran, Sure 3, Verse 175, 176)

Das Gebot des Propheten, großzügig zu sein gegenüber Armen, wird im Alltag bei zahlreichen Gelegenheiten praktiziert. Wenn jemand im Stillen Gott ein Versprechen gegeben hat, ein Gelübde, und eine Sache ist positiv ausgegangen, wird meist ein Schaf oder eine Ziege geschlachtet. Das Fleisch wird dann an die Nachbarn und an Arme verteilt. Oft sind es auch Geldgeschenke, die gegeben werden. Iraner nennen diesen Brauch *nasr kardan,* man geht mit Gott eine moralische Verpflichtung ein, die eingelöst werden muss, wenn sich der Wunsch erfüllt hat.

Schenken und Beschenken nehmen in der alltäglichen Interaktion einen breiten Raum ein. Es sind soziale Funktionen, so genannte *Binderiten,* die die Beziehungen der beteiligten Personen festigen sollen. Aus einem Geschenk ergibt sich die Verpflichtung, etwas zurückzugeben. Die sprichwörtliche Großzügigkeit kann in der Praxis oft skurrile Formen annehmen.

Tipp

Wenn Sie bei Iranern zu Besuch sind und Ihnen etwas gefällt, wird es Ihnen in der Regel gleich als Geschenk angeboten. Der Gastgeber fühlt sich verpflichtet, die Bewunderung des Gastes durch ein Geschenk zu erwidern, unabhängig davon, ob er diese Geste später bereut oder nicht. Umgekehrt wird dieses Verhalten auch von Ihnen erwartet. «Es ist daher dem Europäer anzurathen, mit den Aussprüchen der Bewunderung zurückzuhalten… sonst bringt er sich und seinen Wirth in die peinlichste Verlegenheit.»[61]

Im Umgang mit Iranern ist dieses kulturell definierte Verhalten oft eine Quelle für zahlreiche Missverständnisse und persönliche Kränkungen. Deutsche gelten in Iran als geizig, weil sie den Erwartungen von Iranern, was Freigebigkeit anbelangt, nicht oder nur unzureichend entgegenkommen. Als Deutscher fühlt man sich dagegen irgendwie ausgebeutet, obwohl man sich doch freigebig (in unserem Sinne) verhalten hat. Das ist eine oft schwierige Gratwanderung, die eine Geschäftsbeziehung gehörig belasten kann.

Ein beliebtes Beispiel ist der Besuch eines Restaurants. Sie werden von Ihrem iranischen Geschäftspartner zum Essen eingeladen und wollen bezahlen. Der Wunsch wird Ihnen mit freundlichem Nachdruck abgeschlagen, schließlich sind Sie Gast. Sie können unter keinen Umständen die Rechnung begleichen, allein schon wegen der sprachlichen Barrieren. Der Kellner tut, was ihm der Iraner aufgetragen hat.

In Deutschland sind Sie der Gastgeber, aber beim Bezahlen versucht Ihr iranischer Gast wieder die Rechnung zu begleichen. Das lassen Sie natürlich nicht zu. Also entschuldigt sich Ihr Gast für ein paar Minuten, um sich die Hände zu waschen. Als Sie dann endlich bezahlen wollen, müssen Sie feststellen, dass die Rechnung bereits beglichen wurde. Das ist eine typisch iranische Verhaltensweise. Sind mehrere Iraner anwesend, wird heftig darum gestritten, wer bezahlen darf. Das ist jedoch ein ritualisiertes Spiel, weil die Rollenverteilung feststeht und meist vorher klar ist, wer letztendlich bezahlt. Das gilt für die Situation in Iran.

In Deutschland sollten Sie so etwas auf gar keinen Fall zulassen, weil Sie Ihrer Gastgeberrolle gerecht werden müssen, sonst droht Ihnen ein herber Gesichtsverlust. Ich empfehle Ihnen, sich zum Begleichen der Rechnung unter irgendeinem Vorwand kurz zu entschuldigen oder den Kellner vorher entsprechend zu instruieren. Ihren Gast können Sie auf das nächste Mal vertrösten, allerdings in Iran.

Das Prinzip Gastfreundschaft

Wenn Sie in Iran unterwegs sind, kommt es häufig vor, dass Sie von Einheimischen spontan eingeladen werden. Diese Einladungen sind in den meisten Fällen ehrlich gemeint und Sie sollten sich darauf einlassen. Auch der Koran schreibt den Gläubigen vor, Reisenden das Gastrecht zu gewähren: «… und seid gütig gegen Eltern, Verwandte, Waisen, Arme, gegen euren Nachbarn, sei er euch nahe oder fremd, gegen eure vertrauten Freunde, den Wandersmann und zu euren Sklaven; denn Allah liebt nicht Stolze, Prahler und Hochmütige.» (Koran: Sure 4, Vers 37)

Gastfreundschaft ist jedoch mehr als nur eine höfliche Geste, sie ist eine soziale Institution mit klar definierten Regeln sowohl im privaten Bereich als auch auf geschäftlicher Ebene.

Wer in Iran als Gast behandelt wird, unterliegt bestimmten Modalitäten. Dazu gehört, dass er beim Eintreffen immer von Freunden, Verwandten und Bekannten des Gastgebers empfangen wird. Bei längerem Aufenthalt und nachdem sich seine Anwesenheit im Kreise der Familie und Freunde herumgesprochen hat, werden diese ihre Aufwartungsbesuche machen. Bei dieser Gelegenheit werden dem Gast und dem Gastgeber Ehre und Respekt erwiesen und der Gast wird zu weiteren Besuchen eingeladen.

Diese Angebote sollten Sie so weit wie möglich annehmen. Zum einen werden Sie in das Beziehungsgeflecht Ihres Gastgebers aufgenommen. Zum anderen ergeben sich dadurch weitere, oft auch auf geschäftlicher Basis sehr interessante Kontakte. Gerade in einem Land wie Iran, wo die meisten Geschäfte über Beziehungsnetzwerke laufen, kann dies von Vorteil sein. Das Einzige, was Sie investieren müssen, ist genügend Zeit, Geduld und Geld für Geschenke. Vor der eigentlichen Abreise wird der Gast von allen, oft auch mit Abschiedsgeschenken versehen, überschwänglich verabschiedet. Der Gastgeber lässt es sich meist nicht nehmen, ihn bis zum Flughafen zu begleiten.

Gastfreundschaft ist jedoch kein Selbstzweck. In einem ökonomischen Sinne sind sie eine Investition, aus der sich konkrete Ansprüche herleiten lassen. Diese Ansprüche orientieren sich an dem, was der Gastgeber dem Gast zu geben bereit war. Bei einem Gegenbesuch, sei er aus privaten oder geschäftlichen Gründen, erwarten Iraner daher mindestens die gleiche Vorzugsbehandlung, die sie ihrem Gast zu Hause gewährten. Das kann ins Geld gehen. Der Gast muss nun die Rolle des Gastgebers übernehmen und den Ansprüchen seines iranischen Gastes gerecht werden. Diese Erwartungshaltung kann in der Praxis leicht zu Missverständnissen führen. Der deutsche Gastgeber fühlt sich ausgebeutet und kritisiert das Anspruchsdenken des Iraners. Der fühlt sich ungerecht und unzureichend behandelt und vermisst eine adäquate Gegenleistung. Es gibt keinen Mittelweg. Wer in Iran erfolgreich sein will, muss diese Spielregeln beachten.

Die andere Seite der Gastfreundschaft

Die sprichwörtliche (persische) Gastfreundschaft hat allerdings auch eine Kehrseite, die selten beachtet wird, vielen vielleicht auch unbekannt ist. Schon der Koran warnt die Muslime vor dem Kontakt mit Ungläubigen: «O ihr, die ihr glaubt, nehmt nicht Juden oder Christen zu Freunden, denn Freunde sind sie nur gegeneinander. Und wer von euch sie als Freunde nimmt, wahrlich er gehört zu ihnen.» (Koran, Sure 5, Vers 56)

Der hier vorgeschriebene Umgang mit Fremden, mit Andersgläubigen *(Kafar),* ist eine Variante des schiitischen Islams. Mit der persischen Tradition hat dies nichts zu tun. Nach schiitischer Auffassung gelten alle Nicht-Muslime als unrein, deshalb führt die Berührung eines Muslims mit einem Gläubigen zu einer rituellen Verunreinigung. Orthodoxe Schiiten glauben, dass sie durch den körperlichen Kontakt, und sei es nur durch einen Handschlag, derart verunreinigt werden, dass sie ihren religiösen Pflichten erst nach einer aufwendigen Waschung nachkommen können. Dies ist der Hauptgrund, warum Ihnen beispielsweise Frauen nicht die Hand zur Begrüßung reichen, Männer natürlich auch. Es ist zugleich ein wichtiges Merkmal, das die religiöse Orientierung Ihres Gesprächspartners verrät.

Die Segregation Andersgläubiger, die Trennung zwischen Schiiten und Angehörigen anderer Religionen, zieht sich wie ein roter Faden durch die Geschichte Irans seit der muslimischen Eroberung. Häufig mussten sich Nicht-Muslime (Christen und Juden) durch ihre Kleidung von Muslimen unterscheiden, sie durften nur in ihren eigenen Stadtvierteln leben. Öffentliche Gebäude wie Bäder oder Brunnen durften sie grundsätzlich nicht benutzen, aus Angst, sie könnten diese verunreinigen. Die Abgrenzung ging vielerorts so weit, dass sie ihre eigenen Handwerksbetriebe und eine eigene Gerichtsbarkeit hatten.

«Jeder Mann und jede Frau, die die Existenz Gottes leugnen oder an einen anderen Gott neben ihm glauben und nicht an seinen Propheten Mohammed glauben, sind unrein (genau wie das Exkrement, der Urin, der Hund, der Wein). Das gilt auch, wenn sie nur eines dieser Prinzipien in Frage stellen.» (Ayatollah Khomeini, Meine Worte)

Nach der Revolution hat in vielen iranischen Milieus eine verstärkte Hinwendung zum orthodoxen Islam stattgefunden. Einen ausländischen nicht-muslimischen Gast zum Essen einzuladen stellt für den orthodoxen Schiiten eine besondere Herausforderung dar. Es ist eine zwiespältige Angelegenheit für beide Parteien. Da ist zum einen die Angst vor ritueller Verunreinigung bei Tisch. Sämtliche Dinge, die der Gast anfasst, sind unrein und müssen separat gewaschen werden, um weitere Verunreinigung zu verhindern. Zum anderen die moralische Verpflichtung, jemanden einzuladen. Für den ausländischen Gast ist diese Situation ebenso peinlich, weil er die Gastgeber in eine Konfliktsituation bringt.

Tipp
Sie können solche Situationen vermeiden, indem Sie sich vorsichtig nach dem religiösen Hintergrund Ihres Gastgebers erkundigen. Einen ersten Eindruck gewinnen bereits bei der Art der Begrüßung (Händeschütteln oder nicht). Eine Einladung können Sie höflich ablehnen mit dem Hinweis auf Zeitmangel, andere Verpflichtungen und dass Sie beim nächsten Mal gerne darauf zurückkommen.

«Über die guten Sitten beim Essen und Trinken» – Adab

Iraner sind immer auf Gäste eingestellt. Diesen Eindruck kann gewinnen, wer bei ihnen zu Besuch ist. Was der Außenstehende nicht weiß, ist, dass keine iranische Hausfrau unvorbereitet Gäste in ihrem Hause empfängt. Vorbereitungen für Gäste sind umständlicher als in Deutschland. Die meisten Nahrungsmittel werden frisch gekauft und zubereitet. Das ist immer sehr zeit- und arbeitsaufwendig. Wenn Sie also urplötzlich eingeladen werden, hat Ihr Gastgeber seine Frau bereits darüber informiert. Dank des mobilen Telefonierens ist das auch in Iran kein Problem mehr. Wo es früher zum Beispiel auf dem Lande nicht möglich war, wurde ein Dorfjunge mit der Botschaft nach Hause geschickt, man erwarte Gäste. Die Gastgeberin hatte somit genügend Zeit, alles entsprechend herzurichten und sich selbst natürlich auch.

Spontane Besuche sind in Iran relativ selten. Dennoch sind iranische Gastgeber auf zusätzliche Gäste eingestellt und bereiten größere Mengen an Speisen zu. Vor allem bei offiziellen Anlässen, wie Hochzeiten oder Beerdigungen, wird mehr aufgetragen, als erforderlich wäre. Nach iranischem Verständnis sollen die Gäste wie Aristokraten *(Ashrafi)* bewirtet werden. Dabei geht es jedoch in erster Linie darum, dem Gastgeber ein größeres Prestige zu verschaffen, seine Großzügigkeit und seinen Wohlstand herauszustellen, was nicht selten seine finanziellen Mittel übersteigt.

Anders als in Deutschland ist es unüblich, auf die Minute genau bei den Gastgebern zu erscheinen. Das würde auch niemand von Ihnen verlangen, weil es von den Gästen als unhöflich aufgefasst würde. Pünktlichkeit ist immer relativ gemeint. Oft treffen Gäste mit erheblicher Verspätung ein, ohne, dass dies kritisiert würde. Weil die Gerichte sich jedoch nicht unbegrenzt warmhalten lassen und darüber hinaus auch noch verkochen, sollten Sie nicht allzu spät erscheinen. Vergessen Sie nicht, dass eine iranische Gastgeberin ebenso unter Stress steht wie eine deutsche. Jede will nur das Beste für ihre Gäste.

Cha'i hast – Der Tee ist fertig

Sind die Gäste endlich eingetroffen, beginnt die eigentliche Teezeremonie. An kleinen Tischen werden Tee *(cha'i)* und Gebäck angeboten. Das Anbieten von Kaffee *(qahveh)* ist in iranischen Häusern eher unüblich, obwohl Kaffee unter jungen Leuten derzeit eine Art Renaissance erlebt und zu einem Modegetränk geworden ist. In vielen iranischen Städten gibt es heute Coffee Shops nach westlichem Vorbild. Deren Vorläufer waren in früheren Jahrhunderten die beliebten Kaffeehäuser *(qahveh-khaneh),* die das Bedürfnis nach sozialer Zusammenkunft in der Öffentlichkeit förderten. Bereits im 14. Jahrhundert gelangte Kaffee aus seiner Heimat Äthiopien über den Jemen nach Iran und war bis ins 19. Jahrhundert ein beliebtes Getränk. Persischer Kaffee ist wie türkischer Mokka dickflüssig, gesüßt und sehr stark. Er wird gelegentlich auch deshalb getrunken, um durch Kaffeesatzleserei die Zukunft vorherzusagen.

Tee wurde dagegen relativ spät in Iran eingeführt. Zu Anfang des 17. Jahrhunderts kam er aus China und löste Kaffee als wichtigstes Getränk ab. Um 1868 begann auch der Anbau von Tee in den iranischen Provinzen Mazanderan und Gilan am Kaspischen Meer, nachdem er zuvor von einem iranischen Geschäftsmann aus Ceylon eingeführt worden war. Erst der eigene Anbau trug dazu bei, dass er den Kaffee ablösen konnte, zumal er für die Bevölkerung erschwinglicher war. Jährlich werden etwa 40 000 bis 50 000 Tonnen Tee angebaut, die den einheimischen Bedarf jedoch nicht annähernd decken können. Die heutigen Teehäuser in Iran werden als *qahveh-khaneh,* als Kaffeehäuser, bezeichnet, obwohl dort vorwiegend Tee zubereitet wird. Man kann dies als eine Reminiszenz an die Bedeutung des Kaffees in früheren Jahrhunderten sehen.

Der Tee wird anders zubereitet als in Deutschland. In iranischen Haushalten ist er den ganzen Tag über servierfähig vorhanden. Dabei verwendet man aufgegossenen Tee, eigentlich ein Teekonzentrat, das in einer (Porzellan-)Kanne aufbewahrt und mit Wasser aus einem Samowar oder einem Wasserkessel verdünnt wird. Der Tee wird anschließend in kleine Gläser gefüllt. Zum Süßen verwendet man ein Stück Kandiszucker oder abgebrochene Stücke von einem Zuckerhut, die man im Mund belässt, während man den Tee schlürft. Von ausländischen Gästen wird natürlich nicht erwartet, dass sie ihren Tee auf die gleiche Weise zu sich nehmen. Sie können selbstverständlich den Zucker ins Glas geben und mit einem Löffel umrühren. Was dagegen auf Iraner befremdend wirkt, ist, heiße Getränke oder Speisen durch Pusten abzukühlen, wie es bei uns üblich ist.

Wenn Sie verhindern wollen, dass Ihnen weiterhin Tee eingeschenkt wird, sollten Sie dies mit freundlichem Nachdruck ablehnen. Oder Sie lassen das gefüllte Glas einfach unangetastet stehen. Ähnlich wie beim Ta'rof wird eine zurückhaltende Ablehnung als Zustimmung aufgefasst.

Vor dem eigentlichen Gastmahl werden nun, gemäß persischer Tradition, weitere Getränke, Naschereien und Obst aufgetragen, wobei das Angebot sich nach der Jahreszeit richtet. In den Sommermonaten werden dem Gast verschiedene Nusssorten *(Adjil)* wie Pistazien, Mandeln, Haselnüsse und getrocknete Kichererbsen, in Schälchen angeboten. Pistazien bester Qualität sind in den vergangenen Monaten extrem teuer geworden und werden häufig nur Gästen vorbehalten. Den Qualitätsunterschied zu billigen Sorten merken Sie beim Essen, auch wenn Sie kein Experte sind. Gute Pistazien haben eine goldgrüne Farbe und schmecken einfach besser. Neben Pistazien werden oft, allerdings eher im privaten Kreis, geröstete und gesalzene Melonenkerne *(Tokhmeh)* angeboten. Das Öffnen der Melonenkerne mit den Schneidezähnen, ohne die Hände zu benutzen, erfordert derart viel Geschicklichkeit, dass ich Ihnen an dieser Stelle davon abrate. Des Weiteren werden Ihnen Zuckerbäckereien aufgetischt, wie *Gaz* (eine Art türkischer Honig mit Pistazien), *Baqlawa* (gefüllter, süßer Blätterteig), *Halwa* (eine süße Speise aus Sojamehl) sowie *Souhan* (ein Hartgebäck aus Honig, Mandeln und Pistazien aus der Pilgerstadt Qom).

Meist wird vor und nach dem eigentlichen Hauptgang ein mit Früchten arrangierter Obstteller mit Weintrauben, Mandarinen, Pfirsichen, Birnen, Granatäpfeln und verschiedenen Melonen aufgetragen. Ergänzend dazu gibt es noch kleine rohe Gurken und unreife Mirabellen. Der Gast wird regelrecht umsorgt, indem das Obst für ihn sorgfältig geschält und in mundgerechte Stücke zerteilt serviert wird. Man möchte verhindern, dass er sich beim Essen die Finger schmutzig macht. Deshalb steht auch immer eine Box mit Papiertüchern in Griffnähe. Das zerteilte Obst wird mit Messer und Gabel zum Mund geführt. Obst in die Hand zu nehmen und anschließend davon ein Stück abzubeißen gilt als ungehobelt, verpönt. Darauf sollten Sie wirklich achten.

Tipp
Selbst wenn Sie keinen Appetit auf Obst oder Naschereien verspüren, sollten Sie als Zeichen des Dankes und der Anerkennung immer etwas probieren. Fällt Ihnen etwas zu Boden, legen Sie es auf einen Teller. Anders als in Deutschland werden zum Beispiel Nahrungsmittel, die zu Boden gefallen sind, nicht gewaschen und wieder verwertet. Der Boden gilt Iranern grundsätzlich als unrein.

Das persische Gastmahl

Das ausgeprägte Reinlichkeitsempfinden von Iranern sieht vor, dass man sich vor und nach der Mahlzeit die Hände wäscht. Früher ging ein Mitglied der Familie mit einer mit Wasser gefüllten Kanne und einer Schale herum, sodass die Gäste ihre Hände reinigen konnten. Zum Verzehr des Hauptgerichts werden Gabel und Löffel benutzt. Eine Verwendung des Messers, außer zum Schälen von Obst oder zum Zerteilen von Käse oder Kuchen, ist eher unüblich.

Ein weiterer Grund für das Fehlen eines Messers ist, dass Fleisch und Geflügel immer in mundgerechten Portionen serviert werden. Wird etwas portioniert, nimmt man meist den Löffel oder die Gabel. Reisgerichte isst man mit dem Löffel in der linken Hand, die Gabel in der rechten dient der Unterstützung. Gerichte ohne Reis werden dagegen mit der Gabel in der rechten Hand verzehrt. Sollten Sie allerdings ein Messer wünschen, weil Sie damit einfacher essen, können Sie den Gastgeber selbstverständlich darum bitten.

Bei orthodoxen Iranern wird die linke Hand beim Essen möglichst nicht eingesetzt, sie ruht dann auf dem Tisch. Die linke Hand gilt traditionell als unrein, weil man sie zum Waschen auf der Toilette benutzt. Häufig wird auch kolportiert, die Iraner würden wie die Araber mit den Fingern essen. Das war in den zurückliegenden Jahrhunderten üblich und kann heute vereinzelt noch in sehr religiösen Familien, bei Klerikern etwa, üblich sein. Diese Art zu speisen ist jedoch eine islamische Tradition und orientiert sich am Vorbild des Propheten. Mit der persischen Etikette bei Tisch hat das nichts zu tun. Das Essverhalten der Araber gilt bei Iranern als unkultiviert. Iraner bezeichnen dieses Verhalten als *akhundi,* wie ein islamischer Geistlicher *(Akhund)* essen. Das ist verpönt, auch wenn Ayatollah Khomeini nach der Revolution als angemessenes Verhalten bei Tische empfohlen hat, mit drei Fingern zu essen und die anderen zwei leer zu lassen.

Der Gebrauch von Besteck wie Löffeln war bereits an den altiranischen Königshöfen selbstverständlich. Das Tafelgeschirr wie «Schüsseln, Teller, Krüge, Becher, bestanden aus glasiertem Ton. Diese glasierte Keramik allgemein zum Gebrauch einzusetzen, war offenbar eine Errungenschaft der Achämenidenzeit» (5. Jahrhundert v. Chr.), schreibt Heidemarie Koch.[62] Daneben gab es Geschirr, aus Gold und Silber angefertigt, das jedoch nur am Königshof verwendet wurde. Die persische Esskultur blickt also auf eine lange Tradition zurück.

Mahlzeiten werden am Tisch serviert, selten auf dem Boden, also auf dem Teppich. Die Sitte, ein Tafeltuch *(Sofreh)* auf dem Boden auszubreiten, auf das die Speisen gestellt werden, ist islamischen Ursprungs, allerdings auch heute noch üblich. Man setzt sich dann im Schneidersitz um das Tuch herum.

Bei großen Empfängen werden die Speisen als Buffet serviert. Es gibt keine bestimmte Speisenfolge, keine Gänge, wie wir das bezeichnen. Zunächst werden jedoch Wasser, Limonaden, Brot, Schafskäse und Kräuter aufgetragen. Im Sommer wird *Duq* angeboten, ein Erfrischungsgetränk aus Joghurt und Wasser, das als appetitanregend gilt. Alle Speisen, ob kalt oder warm, werden gleichzeitig auf großen Platten serviert, sodass sie meist schon stark abgekühlt sind, bevor mit dem eigentlichen Essen begonnen werden kann.

Zur eigentlichen Hauptspeise gehören *Polou*-Gerichte, das sind mit verschiedenen Zutaten wie Fleisch, Fisch oder Gemüse aufgeschichtete Reisgerichte, die sehr aufwendig in der Zubereitung sind. *Chelou* ist gekochter weißer Reis, der zu Fleisch und Fisch als Beilage serviert wird. Desweiteren gibt es eine Vielzahl von Suppen *(Ash),* die als Gemüse- oder Fleischsuppen aufgetischt werden.

Nach der Tradition ist das Essen erlaubt, sobald Brot auf dem Tisch ist. Das Brot wird mit den Händen zerteilt, ein Schneiden mit dem Messer ist nach islamischem Verständnis nicht erlaubt. Der Gastgeber eröffnet förmlich die Tafel und fordert die Gäste auf, mit dem Essen zu beginnen. Währenddessen ist die Gastgeberin zusammen mit anderen weiblichen Familienmitgliedern mit dem Auftragen beschäftigt. In sehr religiösen Familien kann es vorkommen, dass die Frauen ihre Mahlzeit in der Küche einnehmen. Auf Nachfrage erhält man dann die Antwort, sie müssten weitere Speisen vorbereiten. Den wahren Grund zu nennen wäre unhöflich.

Ähnlich wie bei uns wünscht man dem Gast einen gesegneten Appetit, indem die koranische Eröffnungsformel *Basmala* (Im Namen Gottes, des Barmherzigen usw.) gesprochen wird. Der Gastgeber ist der Tradition entsprechend beim Essen eher zurückhaltend, er will nicht als unbeherrscht erscheinen.

«Der Gläubige ist mit wenig Essen zufrieden», sagt al-Buhari. Wie es der Islam vorschreibt, wird der Gast ständig aufgefordert, sich doch zu bedienen. Das ist zwar ehrlich gemeint, manchmal auch lästig. Wenn Sie allerdings zögern, übernehmen Gastgeberin oder Gastgeber diese Aufgabe und füllen Ihren Teller ständig mit kleinen Portionen. Das ist keine Aufforderung zu essen. Wenn Sie nicht mögen, lassen Sie den Teller einfach stehen, oder Sie lassen ein paar kleine Essensreste auf Ihrem Teller. Sonst signalisieren Sie, dass Sie noch etwas wünschen, so wie beim Tee. Anders als in den Erzählungen von Karl May werden Sie nicht vom Hausherrn gefüttert. Die persischen und die islamischen Speisevorschriften und Verhaltensregeln bei Tisch sind häufig sehr widersprüchlich. Nach schiitischer

Auffassung gelten Speisereste auf dem Teller dagegen als Verschwendung. Wenn es Ihnen geschmeckt hat, können Sie sich auf Persisch mit *Kheili khoshmaze bud* (Es hat sehr gut geschmeckt) bedanken.

Nach dem Essen verlässt man den Tisch und nimmt den an kleinen Beistelltischen servierten Tee ein. Als Dessert bietet Ihnen die Gastgeberin verschiedene Süßigkeiten, Gebäck oder Obst an. Bei eher formellen Einladungen verabschieden sich die Gäste bereits ein bis maximal eineinhalb Stunden nach dem Essen. Es gilt als ein Gebot der Höflichkeit und Rücksichtnahme. Einen frühen Aufbruch gebietet auch der Koran, weil es die Pflicht des Gläubigen ist, kurz vor Tagesanbruch das erste Gebet zu verrichten. Eine gesellige Runde, wie sie in Deutschland gepflegt wird, würde die Gastgeber jedoch weiterhin sehr beanspruchen. Ein längeres Zusammenbleiben wird indes nur unter Verwandten und engen Freunden gepflegt.

Ein Wort zu Gastgeschenken

Einer Einladung mit leeren Händen nachzukommen ist unhöflich. Entweder Sie bringen eine Spezialität aus Ihrer Heimat mit, Süßigkeiten, Porzellan, keine Fleischwaren, oder Sie beschaffen vor Ort Blumen oder Gebäck. Das ist am einfachsten.

Halal versus Haram – Islamische Speiseverbote

Der Koran kennt eine ganze Reihe von verbotenen Nahrungsmitteln. Das Verbot des Konsums alkoholischer Getränke ist hinlänglich bekannt. In orthodoxen Familien ist Alkohol absolut tabu, bei eher modern orientierten Gastgebern wird den Gästen Alkohol nach dem Essen angeboten. Aus Gründen der Risikominderung ist davon allerdings abzuraten.

Die islamischen Speisegesetze unterscheiden zwischen Fleisch, das verboten *(haram)* oder erlaubt *(halal)* ist, und zwischen Fleisch, dessen Verzehr lediglich missbilligt wird. Lassen wir Ayatollah Khomeini zu Wort kommen:

«Elf Dinge sind unrein: der Urin, das Exkrement, das Sperma, die Knochen, das Blut, der Hund, das Schwein, der (Ungläubige) … der Wein, das Bier, der Schweiß des Kot fressenden Kamels.»[63]

Zu den Tieren, deren Fleisch zu verzehren lediglich missbilligt wird, gehören Pferd und Esel. Eine entsprechende Begründung kenne ich nicht. Rindfleisch ist selbstverständlich erlaubt, wird jedoch relativ selten gegessen, weil es vor allem teuer ist. Iraner bevorzugen das Fleisch von Schafen und Ziegen, das sich sowohl in der Qualität als auch im Geschmack von dem bei uns angebotenen stark unterscheidet. Es ist um ein Vielfaches besser. Die Tiere werden von Nomaden gekauft, die mit ihnen ganzjährig wandern.

Das in Iran erhältliche Fleisch ist grundsätzlich *halal,* also nach islamischem Brauch geschächtet, die geschlachteten Tiere sind richtig ausgeblutet. Schweinefleisch oder Produkte aus Schweinefleisch werden weder angeboten noch nachgefragt, obwohl es in Iran zumindest Wildschweine gibt. Allen Verboten zum Trotz, es wird auch konsumiert!

Rohes Fleisch zu verzehren, etwa Hackfleisch oder Roastbeef, das medium gebraten ist, oder roher Fisch verursacht bei vielen Iranern Ekel. Fleisch muss grundsätzlich durchgebraten sein. Schuppenlose Fische *(Aal, Stör)* oder Schalentiere wie Muscheln gelten ebenfalls als unrein. Beliebt ist dagegen der Verzehr von weißem Fleisch wie das von Geflügel. Im Norden und Südwesten Irans wird auch Wild angeboten und konsumiert, und der Käufer nimmt insgeheim an, dass der Jäger beim Töten die richtigen Verse aus dem Koran rezitiert hat.

Im Ausland lebende Iraner ändern mitunter ihr Konsumverhalten und verzehren trotz des Verbots auch Schweinefleisch. So penibel in Iran zwischen «rein» und «unrein» unterschieden wird, bei der Aufbewahrung, sprich Kühlung der geschlachteten Tiere, setzt man geringere Maßstäbe an. Ob auf dem Basar oder in vielen Läden, das Fleisch hängt oft bis zum Verkauf ohne angemessene Kühlung im Freien.

Wenn Sie strenggläubige Gäste zu Besuch haben, wirkt es auf sie beruhigend, wenn Sie darauf hinweisen, dass das Essen *halal* ist. Sie sollten bei dieser Gelegenheit natürlich auch keinen Alkohol anbieten.

13. Kleines Kulturquiz

Wenn Sie es bis hierhin geschafft haben, sind Sie mit Ihren Vorbereitungen für ein Engagement in Iran fast fertig. Fast, weil Sie Ihr Wissen in dem folgenden Kulturquiz abschließend noch einmal auf den Prüfstand stellen können.

Die Fallgeschichten sind Alltagssituationen entnommen, die ich in den letzten 28 Jahren häufig erlebt habe. Im Umgang mit Iranern tauchen sie mit einer gewissen Regelmäßigkeit auf. Wie man sich in einer derartigen Situation angemessen verhält, ist hier noch einmal auf den Punkt gebracht. Kein Iraner wird von Ihnen erwarten, dass Sie alle Fettnäpfchen kennen, die der Kulturkontakt bereithält. Aber die schlimmsten zu vermeiden, das wird Ihnen garantiert angerechnet. Wenn Sie also einmal wirklich nicht wissen, wie Sie in einer spezifischen Situation angemessen reagieren sollen, fragen Sie einfach. Ansonsten gilt die Empfehlung von Bertold Brecht: «Sich anzupassen, ohne sich aufzugeben!»

Fallbeispiel 1:
Sie haben gerade Ihren iranischen Gesprächspartner kennengelernt und führen einen Small Talk. Im Laufe des Gesprächs fragt er Sie völlig überraschend nach Ihrer religiösen Überzeugung. Was würden Sie antworten?
A. Sie antworten, Religion spiele in Ihrem Leben keine besondere Rolle.
B. Sie lehnen jede Form von religiösem Extremismus ab.
C. Als geborener Christ, Muslim, Jude respektieren Sie jede religiöse Orientierung.
D. Sie seien in einem religiösen Elternhaus groß geworden.

Fallbeispiel 2:
Sie sind in Teheran zu Fuß unterwegs und versuchen trotz dichten Verkehrs, die Straße zu überqueren. Ein Auto kommt Ihnen mit relativ großer Geschwindigkeit entgegen. Wie würden Sie reagieren?
A. Sie signalisieren durch Handbewegungen, dass Sie die Straße überqueren wollen.

B. Sie gehen davon aus, dass er rechtzeitig hält beziehungsweise die Geschwindigkeit verringert.
C. Sie warten, bis die Fußgängerampel auf Grün geschaltet ist.
D. Sie gehen bis in die Mitte der Straße und warten.

Fallbeispiel 3:
Sie sind mit einem iranischen Geschäftspartner verabredet und wissen, dass Iraner in der Regel unpünktlich sind. Wie bereiten Sie sich vor?
A. Sie kommen etwas später zum vereinbarten Termin.
B. Sie verlassen sich darauf, dass Sie ohnehin auf Ihren Geschäftspartner warten müssen.
C. Sie versuchen, vor dem vereinbarten Zeitpunkt einzutreffen.
D. Sie rufen von unterwegs an und entschuldigen sich für die mögliche Verspätung.

Fallbeispiel 4:
Sie befinden sich in einem Meeting, die Zeit vergeht und Ihr Gesprächspartner macht keine Anstalten, sich für Ihr Angebot zu interessieren. Wie reagieren Sie?
A. Sie teilen ihm mit, Sie müssten heute noch einen anderen Termin wahrnehmen.
B. Sie schauen gelegentlich auf Ihre Uhr und signalisieren, dass Sie lieber zum eigentlichen Geschäft kommen möchten.
C. Sie bieten wegen der fortgeschrittenen Zeit einen alternativen Termin an.
D. Sie gehen davon aus, dass die Begegnung ohnehin nur dem Kennenlernen dient.

Fallbeispiel 5:
Ihr iranischer Geschäftspartner, den Sie nun schon einige Zeit kennen, kommt zu einem Besuch nach Deutschland. Wie bereiten Sie sich vor?
A. Sie besorgen ihm ein gutes Mittelklassehotel.
B. Sie fragen vorher an, in welcher Preiskategorie er untergebracht werden möchte.
C. Sie laden ihn zu sich nach Hause ein.

D. Sie teilen ihm vorab mit, dass Sie terminlich leider anderweitig gebunden sind.

Fallbeispiel 6:
Sie sind bei Ihrem Geschäftspartner zum Essen eingeladen. Ihr Gastgeber hat ständig Ihren Teller neu gefüllt, und nun können Sie keinen Bissen mehr zu sich nehmen. Wie reagieren Sie auf das Angebot der Gastgeberin, unbedingt noch das Obst zu probieren?
A. Sie geben ihr zu verstehen, dass Sie nichts mehr zu sich nehmen können.
B. Sie warten noch etwas und verabschieden sich unter dem Hinweis, dass Sie morgen wieder früh raus müssten.
C. Sie zwingen sich, das Obst zu essen, obwohl Ihnen nicht danach ist.
D. Sie essen etwas Obst und lassen den Rest auf dem Teller.

Fallbeispiel 7:
Beim Besuch Ihres Gastgebers bewundern Sie den kleinen Wandteppich aus Seide und wollen gerne wissen, was der Teppich gekostet hat. Ihr Gastgeber bietet Ihnen den Teppich als Geschenk an. Wie würden Sie reagieren?
A. Sie können nicht mehr ablehnen.
B. Sie versprechen ihm ein gleichwertiges Geschenk bei seinem Besuch in Deutschland.
C. Sie bieten ihm an, den Teppich abzukaufen.
D. Sie äußern sich nicht explizit über den Teppich.

Fallbeispiel 8:
Sie sind sich mit Ihrem Geschäftspartner vertraglich einig geworden. Einige Zeit nach Ihrer Rückkehr nach Deutschland ruft er Sie an, um Ihnen mitzuteilen, dass er den Vertrag in der gegenwärtigen Fassung nicht akzeptieren könne.
A. Sie teilen ihm mit, dass Verträge für beide Parteien bindend seien.
B. Sie fragen ihn, warum er das nicht bei Ihrem Besuch in Iran erwähnt habe.
C. Sie bieten ihm an, die fraglichen Punkte neu zu verhandeln.
D. Sie bestehen auf Einhaltung des Vertrags.

Fallbeispiel 9:
Sie sind als Frau mit einem iranischen Geschäftspartner verabredet. Es ist der erste Termin. Sie treffen auf eine Gruppe von Männern. Wie reagieren Sie?
A. Sie warten, bis jemand Ihnen die Hand reicht.
B. Sie stellen sich vor und reichen den Männern die Hand.
C. Ihr Angebot, die Männer per Handschlag zu begrüßen, wird abgelehnt.
D. Sie stellen sich mit einer leichten Verbeugung vor.

Fallbeispiel 10:
Sie wollen die bisherige Arbeit Ihres iranischen Vertriebsmitarbeiters einer kritischen Überprüfung unterziehen, weil er bislang keine Fortschritte vorweisen kann. Sie sind ziemlich verärgert.
A. Sie teilen ihm unumwunden mit, dass Sie die Zusammenarbeit beenden.
B. Sie kritisieren seine Arbeit in Gegenwart seiner Kollegen.
C. Sie bitten ihn zu einem Gespräch unter vier Augen.
D. Sie setzen ihm eine angemessene Frist.

Anmerkungen zum Kulturquiz

Fallbeispiel 1:
Antwort C ist wahrscheinlich die sicherste Variante. Der Islam toleriert und anerkennt die beiden großen Buchreligionen Christentum und Judentum. Auf eine Diskussion über Glaubensfragen sollten Sie sich dennoch nicht einlassen. Sie hat mit Ihrem Geschäftsvorhaben nichts zu tun. Das Bekenntnis zum Judentum ist besser zu vermeiden. Die jüdische Minderheit in Iran wird allen offiziellen Verlautbarungen zum Trotz ständig schikaniert. Viele Juden verlassen das Land.

Antwort D ist völlig überflüssig, weil jedem Iraner klar ist, dass ein Mensch bei seiner Geburt in eine Religionsgemeinschaft hineingeboren wird.

Antwort A oder B verschweigen Sie besser. Ihre Ansichten hierzu können Sie nur im Kreise enger Freunde äußern, falls Sie deren Auffassung kennen. B ist besonders delikat, weil es als Anspielung auf das politische System in

Iran verstanden werden könnte. Die Frage zielt weniger darauf ab, ob Sie ein gläubiger Mensch sind oder nicht. Es geht darum, Sie in einen kulturellen Kontext einzuordnen. Verweisen Sie darauf, dass Religion für Sie Privatsache sei, über die man in Deutschland nicht öffentlich spreche. Niemand kann von Ihnen ernsthaft ihre wahre Einstellung verlangen (Prinzip Ketman).

Fallbeispiel 2:
Auf Ihre Handbewegung wird kein iranischer Autofahrer reagieren. Das ist einfach unüblich, Option A wäre purer Leichtsinn. Auf Option B können Sie sich genauso wenig verlassen, eher das Gegenteil wird eintreten. Die sicherste Variante ist C, allerdings auch nicht absolut sicher. Option D bringt Sie ins Grab. Wenn Sie trotz Verkehrs die Straße überqueren wollen, machen Sie es wie Iraner, zügig und mit gleicher Geschwindigkeit, damit Autofahrer Ihr Verhalten besser einschätzen können.

Fallbeispiel 3:
Option B tritt erfahrungsgemäß in den meisten Fällen ein, Sie sollten sich jedoch auf keinen Fall darauf verlassen. Option A gilt als grobe Unhöflichkeit. Sie wollen doch ein Geschäft machen. Von Deutschen wird auch in Iran Pünktlichkeit erwartet, egal, ob Ihr Geschäftspartner sich daran hält. Die Variante C ist zu empfehlen. Besser, Sie treffen vor dem Termin ein. Das setzt voraus, dass Sie wegen des Verkehrs in Teheran rechtzeitig ein Taxi bestellen. Option D ist inakzeptabel und wird als Zeichen von Respektlosigkeit gewertet.

Fallbeispiel 4:
Wenn Sie Option A wählen, ist das Geschäft im Prinzip schon beendet, bevor es begonnen hat. Sie zeigen, dass Sie an einer langfristigen Geschäftsbeziehung nicht wirklich interessiert sind. Variante B ist nicht nur unhöflich, auch wenn es aus Ihrer Sicht verständlich ist, das Ergebnis wird das gleiche wie bei A sein. Option C kommt nur im äußersten Notfall in Betracht. Am besten fahren Sie mit Option D. Das schützt Sie gleichzeitig vor zu großen Erwartungen.

Fallbeispiel 5:
Option B wird vermutlich dazu beitragen, dass Ihr Gast unverzüglich absagt, falls Sie sich bereits längere Zeit kennen. Vielleicht meldet er sich auch nicht (Prinzip Beziehung auslaufen lassen). Variante A können Sie nur in Erwägung ziehen, wenn es sich um einen losen Kontakt handelt, zum Beispiel Kennenlernen auf einer Messe. Option C ist ein Muss, wenn Sie in Iran von Ihrem Gastgeber zu sich nach Hause eingeladen wurden. Nach dem Prinzip der Reziprozität erwartet er zumindest die gleiche Behandlung, die er Ihnen zuteil werden ließ. Option D ist akzeptabel, sofern Sie kurzfristig verhindert sind und sich bereits kennen.

Fallbeispiel 6:
Variante A wird als unhöflich aufgefasst, Option B eher als ungehobelt und beleidigend. Ihre Gastgeberin wird sich schämen und annehmen, es habe Ihnen nicht geschmeckt. Da helfen Ihnen keine weiteren Worte, eingeladen werden Sie garantiert nicht mehr. Zur Vermeidung einer solchen Situation beherzigen Sie den Rat von al-Buhari (in Kapitel 12). Obst und Tee gehören zum Ausklang eines Essens. Über Option C wird sich Ihre Gastgeberin sicherlich freuen, und mit Option D machen Sie nichts falsch.

Fallbeispiel 7:
Option C ist absolut beleidigend, ein angebotenes Geschenk können Sie doch nicht abkaufen. Dinge kauft man im Basar. Ihr Geschäft dürfte sich dem Ende nähern. Variante A ist eine selbst gestellte Falle, Sie müssen annehmen und damit rechnen, dass Ihnen beim Gegenbesuch das Gleiche widerfährt. Option D verhindert Missverständnisse auf beiden Seiten. Ihr Gastgeber wird froh sein, dass Sie so zurückhaltend waren. Option B ist ein Versprechen, das Sie in Deutschland eventuell noch geben können, in Iran aber völlig deplatziert ist. Hoffen Sie nicht länger auf gute Geschäftsbeziehungen. Sie gelten als kleinlich. Mit Ihnen kann man keine guten Geschäfte machen.

Fallbeispiel 8:
Wenn Sie an der Seriosität Ihres iranischen Partners zweifeln, empfehle ich Ihnen die Optionen A, B und D. Weitere Reisen nach Iran dürften sich für Sie danach erübrigen. Wenn Sie es positiv sehen, sparen Sie Geld. Dafür hat sich

das Geschäft für Sie erledigt. Sie verstoßen gegen alle Regeln einer beziehungsorientierten Geschäftskultur. Auf dem juristischen Wege ist auch nichts zu holen. Iranische Richter urteilen anders als deutsche. Bleibt Ihnen nur Option C und eine gehörige Portion Geduld, die sich später auszahlen wird. Andere Länder, andere Sitten.

Fallbeispiel 9:
Als Frau sind Sie in Iran keineswegs gleichberechtigt, auch nicht als Ausländerin. Auf Option A müssen Sie in Iran mitunter länger warten als bei einem Gegenbesuch in Deutschland. Sie wird vermutlich kaum eintreten (Prinzip rituelle Verunreinigung). Option B ist nur eingeschränkt empfehlenswert, das heißt, Sie stellen sich vor, ohne die Hand auszustrecken. Variante C wird aus dem gleichen Grund eintreffen, wie Option A. Allerdings gilt auch hier: Ausnahmen bestätigen die Regel. Mit der Option D bringen Sie niemanden in Verlegenheit, vor allen Dingen nicht sich selbst.

Fallbeispiel 10:
Option A wird bei ihm auf völliges Unverständnis stoßen, weil er eine Verschwörung gegen sich am Werke sieht. In finanzieller Hinsicht haben Sie bislang nichts erreicht und werden nichts mehr erreichen. Bei der Option B haben Sie von ihm nichts mehr zu erwarten, von seinen Kollegen übrigens auch nicht. Auch Iraner sind sehr lernfähig. Schlimmstenfalls wird die zukünftige Arbeit sabotiert. Einzig angemessene Lösung ist Option C, jedoch mit sehr viel Einfühlungsvermögen (siehe zur Konfliktlösung Kapitel 10, ab Seite 131), wobei Option D wiederum unbedingt erforderlich ist. Was Sie vorgeben, müssen Sie später überprüfen.

Zu guter Letzt
Der Umgang mit Menschen aus einer fremden Kultur ist immer eine Gratwanderung und eine Herausforderung. Das gilt für beide Seiten gleichermaßen: Verständnisschwierigkeiten, unterschiedliche Erwartungshaltungen, Fehleinschätzungen und falsche Vorgehensweisen sowie die sich daraus ergebenden Probleme gefährden nicht nur den Erfolg Ihres Geschäftsvorhabens. Sie sind vor allen Dingen kostspielig, und eine zweite Chance bekommen Sie in der Regel selten.

Dieser Herausforderung begegnen Sie am besten, indem Sie sich optimal vorbereiten. Das können und sollten Sie in einem interkulturellen Training tun. Die Fähigkeit, im interkulturellen Kontext richtig zu kommunizieren, ist kein Luxus. Im Zeitalter der Globalisierung ist interkulturelle Kompetenz eine Notwendigkeit, leider zu selten auch eine Selbstverständlichkeit. In einem interkulturellen Training werden Sie dafür fit gemacht.

Das ist eine Investition, die sich immer lohnt.

Anhang

Der iranische Kalender

In Iran sind drei verschiedene Kalender im Einsatz. Der Sonnenkalender wird im öffentlichen iranischen Leben benutzt und legt die nationalen Feiertage fest. Der Mondkalender regelt die religiösen Feiertage islamischen Ursprungs, und der Gregorianische Kalender wird im Geschäftsalltag verwendet.

Sonnenkalender
Die Verwendung zweier unterschiedlicher Kalendersysteme hat vor allem historische Gründe. In der vorislamischen Zeit galt in Iran ausschließlich der (zoroastrische) Sonnenkalender. Durch den Islam wurde zwar der Mondkalender eingeführt, der Sonnenkalender behielt dennoch seine Gültigkeit. Der Sonnenkalender ist genauer als der islamische Kalender und teilt das Jahr in 12 Monate mit 365 Tagen ein. Damit ähnelt er zwar dem Gregorianischen Kalender, er ist aber viel präziser. Während der Gregorianische Kalender alle 3226 Jahre um einen Tag korrigiert werden muss, ist dies beim Sonnenkalender nur alle 141 000 Jahre erforderlich. Der Grund für diese extrem hohe Genauigkeit liegt in einer präziseren Berechnung der Schaltjahre. So beginnt der Sonnenkalender immer mit einem natürlichen Ereignis, mit der Frühjahrssonnenwende am 21. März. Der genaue Zeitpunkt wird durch astronomische Beobachtung festgelegt. Die Frühjahrssonnenwende *(Nowruz)* ist für die Völker des Nahen und Mittleren Ostens, die ihre Herkunft auf iranische Wurzeln zurückführen, zugleich das wichtigste Ereignis im Jahresverlauf. Die Monatsnamen des Sonnenkalenders sind zoroastrischen Ursprungs.

Farvardin (21. März–20. April)
Ordibehesht (21. April–21. Mai)
Khordad (22. Mai–21. Juni)
Tir (22. Juni–22. Juli)
Mordad (23. Juli–22. August)
Shahrevar (23.August–22. September)
Mehr (23.September–22. Oktober)
Aban (23.Oktober–21. November)
Azar (22. November–21. Dezember)
Day (22. Dezember–20. Januar)
Bahman (21. Januar–19. Februar).

Die ersten sechs Monate haben jeweils 31, die übrigen, mit Ausnahme des Monats Bahman (29), dagegen 30 Tage.

Der Mondkalender
Der iranische (islamische) Mondkalender unterscheidet sich deutlich von dem der Muslime in den arabischen Ländern und kommt ohne die Schaltjahre aus. Er hat nur 354 Tage bei 12 Monaten, die je nach Jahr 29 oder 30 Tage haben. Aus diesem Grund muss zum Beispiel der islamische Fastenmonat Ramadan jedes Jahr neu festgelegt werden. Der Beginn des islamischen Kalenders ist die *Hijra* (Auswanderung aus Mekka) im Jahr 622 unserer Zeitrechnung.

Die zwölf Monatsnamen, in Klammern jeweils die Anzahl der Monatstage, des Mondkalenders sind:

Muharram (30)
Safar (29)
Rabi' I. (30)
Rabi' II. (29)
Jumadea I. (30)
Jumadea II.(29)
Rajab(30)
Sha'ban(29)
Ramadan (30)

Shawwal (29)
Zu al-Qadah (30)
Zu al-Hijjah (29)

Das islamische Jahr beginnt mit dem 1. *Muharram,* der für die Schiiten der Trauermonat ist. Am 9. *(Tasu'a)* und 10. Tag *(Ashura)* des Muharram gedenken Schiiten des Martyriums und des Todes von Hussein, des dritten Imams. Hussein war mit seiner kleinen Schar von Angehörigen am 10. Oktober 680 n. Chr. bei Kerbala (Irak) von den Truppen des Umayyaden-Herrschers Yazid niedergemetzelt worden.

In täglich wiederkehrenden Umzügen, Passionsspielen *(Ta'ziyeh)* und Geißlerprozessionen *(dastadjad)* leiden die Gläubigen mit Hussein und wollen für diese Tragödie Buße tun. Zu Beginn der Revolution wurde der Muharram für politische Zwecke gegen das Schah-Regime instrumentalisiert, indem die Iraner trotz Ausgangssperre auf die Straßen gingen. Seitdem wird das «Trauerritual (…) für politische Zwecke benutzt. Die Intensität der Trauer um Hussein in Iran ist ein zutiefst iranisches Phänomen (…) Sie berührt das Ritterliche in der iranischen Seele, jene Großzügigkeit des Herzens *(gawanmardi),* deren Ursprünge weit vor der Zeit des Islam liegen.»[64]

Das liturgische Jahr der Schiiten beginnt mit Trauer. So trauert man am Todestag des Propheten (28. Safar) und an den Todestagen der Imame.

Schiiten feiern allerdings auch Feste, so zum Beispiel den Geburtstag des Propheten am 17. Rabi' I., der gleichzeitig Geburtstag des 6. Imams ist. Ferner das Ende des Ramadan am 1. Shawwal *(Eid-e Fetr)* und *Eid-e Qorban* (das Opfer Abrahams) am 10. Zu al-Hijjah, an dem in vielen Familien ein Schaf geschlachtet wird. Es gibt zahlreiche weitere schiitische Feste. Das größte ist der Geburtstag des zwölften Imams am *15. Shaban* (zwei Wochen vor Beginn des Ramadan). Dann sind die Straßen mit Festbeleuchtungen, Häuser und Geschäfte mit auf Stoffbahnen gedruckten oder geschriebenen Koranversen geschmückt. Neben diesen Festen islamischen Ursprungs gibt es eine Vielzahl volkstümlicher Feste meist aus vorislamischer Zeit, die weiterhin praktiziert werden.

Seit dem 21. März 2007 schreibt man das islamische Jahr 1386.

Tipp
Der Ramadan und der März, in den Nowruz (21. März) fällt, sind für Geschäftsvorhaben kritische Monate. Die Feierlichkeiten für das persische Neujahrsfest dauern offiziell nur fünf Tage, also bis zum 26. März. Gleichzeitig sind im ganzen Land Schulferien, die bis zum 2. April dauern. In diesen Wochen ist die halbe Nation unterwegs, um Verwandte oder Freunde im In- und Ausland zu besuchen. Am Sizdah be-dar (dem 13. Tag nach Nowruz) fahren Iraner ins Grüne, um dort ein Picknick zu veranstalten.

In diesen beiden Monaten ist es erfahrungsgemäß schwierig, Geschäftstermine zu vereinbaren.

Literatur

Iran

Afandi, Nasriddin: Der Sündensack. Schwänke, Anekdoten und Witze. München 1973.
Alavi, Nasrin: Wir sind der Iran. Aufstand gegen die Mullahs – die junge persische Weblog-Szene. Köln 2006.
Algar, Hamid: The Roots of the Islamic Revolution. London 1983.
Akhavi, Shahrough: Religion and Politics in Contemporary Iran. New York 1980.
Ashraf, Ahmad: Conspiracy Theories and the Persian Mind. Encyclopaedia Iranica, 6 (1993). S. 138–147.
Attar, Fariduddin: Muslimische Heilige und Mystiker. Ihr Leben, ihre Taten, ihr Geist. München 2002.
Browne, Edward Granville: A Year amongst the Persians. New York 1984.
Canetti, Elias: Masse und Macht. München 1994.
Curtis, Vesta Sarkhosh: Persische Mythen. Stuttgart 1994.
Donaldson, Bess Allen: The Wild Rue. A Study of Muhammadan Magic and Folklore in Iran. London 1938.
Batmanglij, Najmieh: New Food of Life. Ancient Persian and Modern Iranian Cooking and Ceremonies. Washington D.C. 1997.
Braudel, Fernand, Georges Duby und Maurice Aymard: Die Welt des Mittelmeeres. Frankfurt/M. 1987.
Brugsch, Heinrich: Reise der K. Preussischen Gesandtschaft nach Persien 1860 und 1861, 2 Bände. Leipzig 1862.
Edalatian, Jamshid: Unternehmensorganisation und -kultur im Iran. Hamburg 1992.
Ehlers, Eckart: Iran. Grundzüge einer geographischen Landeskunde. Darmstadt 1980.
Firdausi: Geschichten aus dem Schahnameh. Köln 1984.

Fragner, Bert G.: Zur Erforschung der kulinarischen Kultur Irans, in: Die Welt des Islams XXIII-XXIV (1984). S. 320–360.
Frye, Richard: Die Perser. Das erste Imperium der Antike. München 1977.
Gabriel, Alfons: Die Erforschung Persiens. Die Entwicklung der abendländischen Kenntnis der Geographie Persiens. Wien 1952.
Gehrke, Ulrich und Harald Mehner: Iran. Bevölkerung – Geschichte – Kultur – Staat – Wirtschaft. Tübingen 1976.
Gorges, Michael: Kulturstandards in Iran, in: Brenner, Hatto und Manfred Gößl (Hrsg.): Praxishandbuch für Exportmanager. Führen, Verhandeln und Verkaufen im internationalen Geschäft. Köln 2005.
Gorges, Michael: Länderbericht Iran, in: Praxisinformation für Export- und Zollverantwortliche im Unternehmen. Köln 2007.
Gorges, Michael: Länderbericht Iran, Netzwerk Architekturexport. Berlin 2007.
Herodot: Historien. Stuttgart 1971.
Heine, Peter: Kulturknigge für Nichtmuslime. Ein Ratgeber für den Alltag. Freiburg 1994.
Heine, Peter: Ethnologie des Nahen und Mittleren Ostens. Berlin 1989.
Hesse-Lehmann, Karin: Iraner in Hamburg. Verhaltensmuster im Kulturkontakt. Hamburg 1993.
Hinz, Walter: Darius und die Perser. Baden-Baden 1976.
Kapuscinski, Ryszard: Schah-in-Schah. Eine Reportage über die Mechanismen der Macht, der Revolution und des Fundamentalismus. Frankfurt/M. 1997.
Kaempfer, Engelbert: Am Hofe des persischen Großkönigs 1684–1685. Stuttgart 1984.
Keddie, Nikki R.: Modern Iran. Roots and Results of Revolution. New Haven 2003.
Khomeini, Ayatollah: Meine Worte. Weisheiten, Warnungen, Weisungen. München 1980.

Kinzer, Stephen: All the Shah's Men. An American Coup and the Roots of Middle East Terror. Hoboken N.J. 2003.
Koch, Heidemarie: Es kündet Dareios der König. Vom Leben im persischen Großreich. Mainz 1992.
Kochwasser, Friedrich: Iran und Wir. Geschichte der deutsch-iranischen Handels- und Wirtschaftsbeziehungen. Herrenalb 1961.
Lewis, Bernard: Die Assassinen. Frankfurt/M. 1989.
Lewis, Bernard: Der Untergang des Morgenlandes. Bonn 2002.
Lewis, Bernard: The Middle East. 2000 Years of History from the Rise of Christianity to the present Day. London 2000.
Litten, Wilhelm: Persische Flitterwochen. Berlin 1925.
Mackay, Sandra: The Iranians. Persia, Islam and the Soul of a Nation. New York 1996.
Matheson, Sylvia A.: Persien. Ein archäologischer Führer. Stuttgart 1980.
Mikusch, Dagobert von: Waßmuß, der deutsche Lawrence. Leipzig 1937.
Morier, James Justinian: Reisen durch Persien in den Jahren 1808 bis 1816. Berlin 1985.
Mottahedeh, Roy: Der Mantel des Propheten oder Das Leben eines persischen Mullah zwischen Religion und Politik. München 1987.
Nirumand, Bahman: Persien, Modell eines Entwicklungslandes oder Die Diktatur der freien Welt. Reinbek bei Hamburg 1967.
Perthes, Volker: Orientalische Promenaden. Der Nahe und Mittlere Osten im Umbruch. München 2006.
Polak, Jacob Eduard: Persien. Das Land und seine Bewohner. Ethnographische Schilderungen. 2 Teile. Leipzig 1865.
Ramazani, Nesta: Persian Cooking. A Table of Exotic Delights. Bethesda, Maryland 2000.
Rosen, Friedrich: Persien in Wort und Bild. Berlin 1926.
Rosen, Friedrich: Der Einfluß geistiger Strömungen auf die politische Geschichte Persiens, Zeitschrift der Deutschen Morgenländischen Gesellschaft, N.F., 76 (1922). S. 101–125.

Sa'di, Muslih ad-Din: Der Rosengarten. Bremen 1982.
Scheich Saadi: Bostan Diwan Gulestan. München 1988.
Schimmel, Annemarie: Rumi. Ich bin Wind und du bist Feuer.
  Leben und Werk des großen Mystikers. Köln 1978.
Schultze-Holthus, Bernhardt: Aufstand in Iran. München 1980.
Shaida, Margaret: The Legendary Cuisine of Persia.
  New York 2002.
Stausberg, Michael: Zarathustra und seine Religion.
  München 2005.
Stodte, Claudia: Iran. Edition Erde Reiseführer. Bremen 2003.
Tajadod, Nahal: Das unbekannte Persien. Magier, Ketzer und
  Christen. Düsseldorf 2003.
Vambéry, Hermann: Reise in Mittelasien. Leipzig 1865.
Vambéry, Hermann: Meine Wanderungen in Persien. Pest 1867.
Weiss, Walter M.: Bei Allah, dieser Preis ist nur für dich! Wie der
  orientalische Basar funktioniert, Der Arabische Almanach.
  Zeitschrift für orientalische Kultur, 7. Jg. (1997). S. 12–16.
Wiesehöfer, Josef: Das Antike Persien. Düsseldorf 1998.
Wright, Robin: The Last Great Revolution. Turmoil and
  Transformation in Iran. New York 2001.
Xenophon: Des Kyros Anabasis. Stuttgart 2002.
Zaehner, R. C.: Zoroastrian Survivals in Iranian Folklore.
  Iran. British Institute of Persian Studies, 3 (1965). S. 87–96.

Islam und Schiiten

Aslan, Reza: Kein Gott außer Gott. Der Glaube der Muslime
  von Muhammad bis zur Gegenwart. München 2006.
Al-Buhari, Sahih: Nachrichten von Taten und Aussprüchen
  des Propheten Muhammad. Stuttgart 1991.
Cahen, Claude: Der Islam I. Vom Ursprung bis zu den Anfängen
  des Osmanenreiches. Frankfurt/M. 1987.
Der Fischer Weltalmanach 2006. Frankfurt/M. 2005.
Elger, Ralf: Kleines Islam-Lexikon. München 2006.
Ende, Werner und Udo Steinbach (Hrsg.): Der Islam in
  der Gegenwart. München 1989.

Ende, Werner: Der schiitische Islam, in: Ende, Werner und Udo Steinbach (Hrsg.): Der Islam in der Gegenwart. München 1989. S. 70–90.
Gellner, Ernest: Der Islam als Gesellschaftsordnung. München 1992.
Goldschmidt, Lazarus: Der Koran. Frechen 2000.
Grunebaum, Gustav Edmund von: Der Islam II. Die islamischen Reiche nach dem Fall von Konstantinopel. Frankfurt/M. 1982.
Guellouz, Azzedine: Der Koran. Bergisch-Gladbach 1998.
Halm, Heinz: Die Schia. Darmstadt 1988.
Halm, Heinz: Die Schiiten. München 2005.
Hartmann, Richard: Die Religion des Islam. Eine Einführung. Darmstadt 1987.
Henning, Max: Der Koran. Stuttgart 2006.
Kettermann, Günter: Atlas zur Geschichte des Islam. Darmstadt 2001.
Krämer, Gudrun: Geschichte des Islam. München 2005.
May, Karl: Von Bagdad nach Stambul. Bamberg 2003.
Paret, Rudi: Mohammed und der Koran. Geschichte und Verkündigung des arabischen Propheten. Stuttgart 1980[5].
Renz, Alfred: Geschichte und Stätten des Islam. München 1977.
Richard, Yann: Die Geschichte der Schia in Iran. Grundlagen einer Religion. Berlin 1983.
Schimmel, Annemarie: Der Islam. Eine Einführung. Stuttgart 1995.
Schimmel, Annemarie: Von Ali bis Zahra. Name und Namengebung in der islamischen Welt. München 1995.
Schimmel, Annemarie: Das islamische Jahr. Zeiten und Feste. München 2002.

Interkulturelle Kommunikation
Adler, Nancy J.: International Dimensions of Organizational Behavior. Cincinnati 1997.
Bude, Heinz: Kultur als Problem, Merkur 558/559 (1995). S. 775.

Gelfert, Hans-Dieter: Was ist Deutsch? Wie die Deutschen wurden, was sie sind. München 2005.

Gesteland, Richard R.: Global Business Behaviour. Erfolgreiches Verhalten und Verhandeln im internationalen Geschäft. Zürich 1999.

Götz, Klaus: Interkulturelles Lernen. Interkulturelle Kompetenz. München 2002.

Hall, Edward T.: The Silent Language. New York 1973.

Hall, Edward T.: Die Sprache des Raumes. Düsseldorf 1976.

Heringer, Hans Jürgen: Interkulturelle Kommunikation. Grundlagen und Konzepte. Tübingen 2004.

Hofstede, Geert: Lokales Denken, Globales Handeln. Kulturen, Zusammenarbeit und Management. München1997.

Hofstede, Geert: Culture's Consequences. International Differences in Work-Related Values. New York 1984.

Janich, Nina und Dagmar Neuendorff (Hrsg.): Verhandeln, kooperieren, werben. Beträge zur interkulturellen Wirtschaftskommunikation. Wiesbaden 2002.

Kobi, Jean Marcel und Hans Wüthrich: Unternehmenskultur. Verstehen, erfassen und gestalten. Landsberg 1986.

Lewis, Richard D.: Handbuch internationale Kompetenz. Mehr Erfolg durch den richtigen Umgang mit Geschäftspartnern weltweit. Frankfurt/M. 2000.

Mall, Ram Adhar: Interkulturalität – Theorie und Praxis, Trierer Beiträge. Aus Forschung und Lehre an der Universität Trier. (1996/97). S. 2–10.

Thomas, Alexander: Kultur als Orientierungssystem und Kulturstandards als Bauteile, IMIS-Beiträge H 10 (1999). S. 91–130.

Trompenaar, Fons: Handbuch Globales Managen. Wie man kulturelle Unterschiede im Geschäftsleben versteht. Düsseldorf 1993.

Dank

Das vorliegende Buch wäre ohne die freundliche Anregung meiner verehrten Kollegin Dr. Gabi Kratochwil vermutlich nicht, zumindest nicht jetzt erschienen. Ihr gilt mein aufrichtiger Dank. Einen ganz besonderen Dank schulde ich meiner lieben Frau Farkhondeh einmal für ihre Geduld sowie für die vielen hilfreichen Diskussionen über das Wesen des Persers an sich. Von ihr habe ich in den vergangenen achtundzwanzig Jahren vermutlich mehr gelernt als aus vielen gelehrigen Werken über Iran. Danken will ich auch meinem Freund Franz-Bernd Körner für hilfreiche Hinweise, Christoph Striepecke für die Bearbeitung des Kartenmaterials und natürlich auch den zahlreichen Seminar-Teilnehmern in Deutschland und Iran, die durch ihre Fragen und Erfahrungen einen nicht unwesentlichen Anteil am Zustandekommen des Buches haben. Ein ganz herzlicher Dank gilt meinem Verleger Dr. Manfred Hiefner-Hug für sein Vertrauen und den verlegerischen Mut, ein solches Buch angesichts der politischen Großwetterlage zu veröffentlichen. Zu guter Letzt danke ich Jacqueline Kölliker vom Orell Füssli Verlag und vor allem meinem Verlagslektor Bernd Zocher für die konstruktive und wunderbare Zusammenarbeit. *Kheili Mamnun.*

Anmerkungen

1. Quelle: Statistical Center of Iran 2007, Statistisches Bundesamt 2007, Bundesagentur für Außenwirtschaft (bfai): Wirtschaftstrends Iran, Jahreswechsel 2006/7 und Gehrke/Mehner (1975:284f.).
2. Polak (1865:VI).
3. Banki, Farzin: Freizeit im Gottesstaat, in: Neue Zürcher Zeitung, Folio von Februar 2007.
4. Kiderlen, Elisabeth: Die leise Flucht der Jugend. Das Mullah-Regime verliert seine Basis. Junge Iraner und vor allem Iranerinnen wenden sich ab. Mit Zugeständnissen will die Regierung die Entfremdung bremsen, in: Frankfurter Allgemeine Sonntagszeitung vom 10.4.2005.
5. Alle Angaben nach Bundesagentur für Außenwirtschaft (bfai): Branche Kompakt, Iran/Bauwirtschaft (2006:3).
6. Rosen (1926:68).
7. Vergleiche Iran Daily vom 28.12.2005.
8. Mottahedeh (1987:139).
9. Rosen (1926:69).
10. Hinz (1976, II.: 218).
11. Koch (1992:7).
12. Curtis (1994:53).
13. Koch (1992:22).
14. Rosen (1922:104).
15. Kochwasser (1961:30).
16. Litten (1925:241).
17. Mehner/Gehrke (1976:155).
18. Schultze-Holthus (1980:1).
19. Schultze-Holthus (1980:2).
20. Mikusch (1937:332).
21. Kochwasser (1961:103).
22. ebenda.
23. Schultze-Holthus (1980:2).

24 Dönhoff, Marion Gräfin: Marx oder Mullahs. Kommunistische Chance in Iran, in: Die Zeit vom 26.01.79.
25 Iran: Der lahme große Sprung nach vorn, in: Der Spiegel Nr. 34, 1977, S. 80.
26 «Dunkle Wolken ziehen am Horizont auf», in: Der Spiegel 4, 1979, S. 104.
27 ebenda.
28 Der Iran kürzt seine Einfuhren. Krieg und Ölpreisverfall stürzen Wirtschaft in die Rezession, in: Aachener Nachrichten vom 27.08.1986.
29 Glückliche Mullahs. Clintons Handelsembargo stärkt die Fundamentalisten in Iran und spaltet den Westen. Bonn will weiter in den Golfstaat liefern lassen, in: Der Spiegel 19,1995, S. 148.
30 Der lange Schatten der Mullahs. Heute wird in Berlin das Urteil im «Mykonos»-Prozeß gesprochen. Folgt eine deutsch-iranische Krise?, in: Kölner Stadtanzeiger 83 vom 10.04 1997.
31 Ulfkotte, Udo: Das Urteil: Der Mykonos-Mordanschlag in Berlin auf Anordnung der iranischen Führung. Bonn setzt «kritischen Dialog» mit Teheran aus. Lebenslange Haftstrafen für zwei der Attentäter, in: Frankfurter Allgemeine Zeitung vom 10. April 1997.
32 Blome, Nikolaus: Kinkels «kritischer Dialog» traf ohnehin auf wenig Begeisterung, in: Rheinische Post vom 12.04.1997.
33 Kollektiv blamiert. Gemeinsame Außenpolitik? Teheran führt beispielhaft vor, wie sich die Europäische Union ausmanövrieren läßt, in: Der Spiegel 19, 1997, S. 35 .
34 EU verstärkt Kontakte zu Iran. Ministerbesuche geplant, in: Frankfurter Rundschau vom 23.02.1998.
35 Möllemann: Fall Hofer «nicht zu hoch hängen», in: Frankfurter Allgemeine Zeitung vom 6.02.1998.

36 Kleinkrieg in der Nacht. Die Freilassung Helmut Hofers aus iranischer Haft erwirkte Kanzleramtsminister Hombach mit einem starken Argument: Kapital aus Deutschland, in: Der Spiegel 16, 1999, S. 75.
37 Über den Dialog der Kulturen. Vortrag des Präsidenten der Islamischen Republik Iran bei einem Treffen mit den Denkern und Kulturschaffenden Deutschlands in Weimar, in: Taz vom 12.07.2000.
38 Hermann, Rainer: Trotz innenpolitischer Machtkämpfe steigen die Geschäftschancen für Ausländer. Der hohe Ölpreis hilft bei der Modernisierung der Infrastruktur, in: Frankfurter Allgemeine Zeitung vom 31.01.2005.
39 Wetzel, Hubert: USA sondieren Ziele für Angriff auf Iran. Bericht des Magazins «The New Yorker» wird allerdings mit Skepsis aufgenommen. Hardliner haben sich in Washington durchgesetzt, in: Financial Times Deutschland vom 18.01.2005.
40 Wetzel, Hubert: Berlin drosselt Förderung für Iran-Exporte, in: Financial Times Deutschland vom 16.02.2007.
41 Opposition erwägt Amtsenthebungsverfahren gegen Ahmadinedschad, in: Spiegel Online vom 01.05.2007.
42 Bude (1995:775).
43 Bundesdeutsche Industrie wittert Chancen beim Wiederaufbau in Iran. Eindrücke während des Besuchs von Bauminister Oskar Schneider. Aber ohne Hermes-Deckung wird die Anbahnung von Geschäften schwierig, in: Frankfurter Allgemeine Zeitung vom 21.12.1988.
44 Kazemi, Mohammad Reza: Kampf gegen Unzucht in Iran, in: Spiegel Online vom 27. April 2007.
45 Weiss (1997:12).
46 Rosen (1926:45).
47 ebenda.
48 Vambéry (1867:97).
49 Mahmoody (1990:110).
50 Polak (1865:13).

51 Kobi/Wüthrich (1986:13).
52 Nadjmabadi, Shahnaz: Andere Bilder einer Reise. Ein Besuch in der Heimat, in: Frankfurter Allgemeine Zeitung vom 14. März 1987.
53 Gehringer, Urs: Der Knecht Gottes, in: Weltwoche 19 vom 11. Mai 2006.
54 Gelfert (2005:35).
55 Hall (1973:152).
56 Iran. Der lahme große Sprung nach vorn, in: Der Spiegel Nr. 34, 1977, S. 80.
57 Gellner (1992:13).
58 Lerch, Wolfgang: Bei den Trümmern von Babylon. Wie Karl May schon vor hundert Jahren die jüngsten Kriegsschauplätze bekannt machte, in: Frankfurter Allgemeine Zeitung vom 24. März 2003.
59 al-Buhari (1991:272).
60 Xenophon (2002:46; siehe auch S. 20, 28).
61 Polak (1865:13).
62 Koch (1992:174).
63 Ayatollah Khomeini (1980:53).
64 Richard (1983:89).

Nützliche Internetadressen

Deutsche Botschaft in Teheran: www.teheran.diplo.de/Vertretung
Nützliche Länder- und Reiseinformationen unter:
www.auswaertiges-amt.de
Schweizerische Botschaft in Teheran: www.eda.admin.ch/tehran
Österreichische Botschaft in Teheran:
www.aussenministerium.at/teheran
Staatliche iranische Medien in englischer Sprache:
www.iran-daily.com
und Islamic Republic News Agency: www2.irna.ir/en
Alternatives Nachrichtenportal in deutscher Sprache:
www.iran-now.net
Alternative regimekritische Nachrichtenportale in englischer Sprache:
www.roozonline.com und www.farsinet.com/news
*Informationen zur iranischen Volkswirtschaft und zur
Geschäftsanbahnung:* www.bfai.com
und *Deutsch-Iranische Industrie- und Handelskammer:*
www.dihk-ir.com
Statistische Informationen aus Iran in Englisch unter:
www.sci.org.ir/portal/faces/public/sci_en
Central Bank of the Islamic Republic of Iran: www.cbi.ir
Ministry of Commerce: www.irtp.com
Ministry of Energy: www.moe.or.ir
Ministry of Industry and Mines: www.gov.ir
Iran Chamber of Commerce, Industries and Mines: www.iccin.org
Messen in Teheran: www.iranfair.com
Teheraner Börse: www.tse.ir
Ausstellungs- und Messeausschuss der Deutschen Wirtschaft:
www.auma-messen.de
Sehr informativ auch die Homepage der Central Intelligence Agency:
www.cia.gov
*Weitere Informationen zur persischen Kultur aus Sicht von
Exiliranern unter:* www.iranian.com
Fundierte Länderinformationen unter: www.countrystudies.us/iran